一手一手解说！

围棋常用定式
与序盘策略

（日）大桥成哉　编著

刘林　译

辽宁科学技术出版社
沈阳

© 2023辽宁科学技术出版社

著作权合同登记号：第06-2021-119号。

图书在版编目（CIP）数据

围棋常用定式与序盘策略 /（日）大桥成哉编著；
刘林译. —沈阳：辽宁科学技术出版社，2023.5

ISBN 978-7-5591-2896-6

Ⅰ.①围… Ⅱ.①大… ②刘… Ⅲ.①定式
（围棋）—基本知识 Ⅳ.①G891.3

中国国家版本馆CIP数据核字（2023）第024634号

出版发行：辽宁科学技术出版社
　　　　　（地址：沈阳市和平区十一纬路25号　邮编：110003）
印 刷 者：辽宁新华印务有限公司
经 销 者：各地新华书店
幅面尺寸：170mm×240mm
印　　张：16
字　　数：300千字
印　　数：1~4000
出版时间：2023年5月第1版
印刷时间：2023年5月第1次印刷
责任编辑：于天文
封面设计：潘国文
责任校对：闻　洋

书　　号：ISBN 978-7-5591-2896-6
定　　价：50.00元

联系电话：024-23284740
邮购热线：024-23284502
E-mail:mozi4888@126.com
http://www.lnkj.com.cn

前　言

从布局的前30手，我们大致上就可以看出一个人的棋力：

① 当意识到出现弱棋时，基本上已经成了对手攻击的目标。

② 不知不觉中被对手围出了极大的实地，局面已经陷入苦境。

③ 不知道还有其他的定式，总是反复使用同样的定式。

是不是让我说中了，围棋爱好者是不是有这样的情况？上面所说的，都是因为布局水平不高而表现出来的常见问题。如果你有其中的任何一项，那这本书的内容就非常适合你。

①~③的问题，换个角度来说就是：

① 棋子的方向不好，没有理解围棋的基本理论。

② 总是走在价值低下的地方，没有看到整个棋盘。

③ 不知道围棋的一些基本定式，因此总是重复使用同一个定式，不理解即便是定式，其对应的局面也是有限的。没有实战的应用能力。

也就是说，上面的三项之中哪怕一项也没有，我们也还是无法安心。为什么这么说呢？这是因为，对于一开始就没有理解棋子的方向以及棋子在棋盘上的价值的爱好者来说，根本就无法判断自己是否具有哪一项的问题。

因此，请所有的围棋爱好者将这本书拿在手上，我相信，通过学习本书大家的棋力一定能够得到提高。

本书的特点

　　本书讲述的是定式的使用方法。通过本书的学习，在今后的对局中，根据具体的局面，我们就可以掌握以下两点：当出现了希望重视右边的局面时，如何选择定式，以及为了避开复杂难解的变化，如何选择简明下法的场合时的定式。

　　以前关于定式的图书，往往是只对一个局部的定式本身进行讲解。我认为这是不够的，因为这让围棋爱好者很难掌握在什么样的场合下选择合适的定式。因此，本书将重点放在了学习从配合全局的角度来选择定式的方法。

　　作为学习的一环，我们还特意添加了棋谱解说，完整地再现了定式的使用过程。本书不仅讲述了在某个局面下，选择定式时基本的思考方法是什么，还对选择这一定式后的每一手都进行了详细的解说。希望大家在打谱时去感受，如果能够在定式的学习中有所收获，我将不胜荣幸。

　　最后，对本书的出版付出了辛苦的各位，以及本书的全体读者，在此致以诚挚的感谢。

大桥成哉

2020年1月

目　录

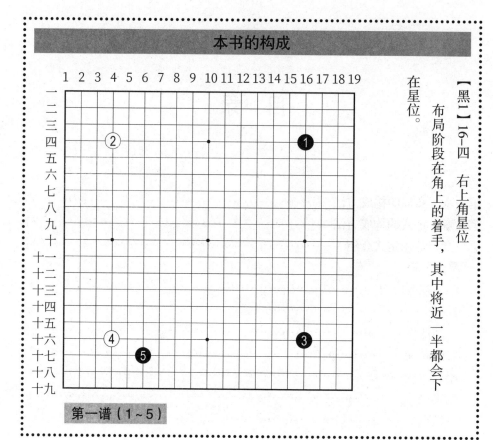

本书的构成

第一谱（1~5）

【黑1】16—四　右上角星位

布局阶段在角上的着手，其中将近一半都会下在星位。

　　本书在第三章介绍了定式之后，还为大家提供了布局阶段如何运用这些定式的具体实例。

　　形式上就跟上图一样，每一谱都限制在五手之内，这样打谱时就很容易，我们会对每一手都进行细致的解说。每一局的手数都是30手，聚焦在"布局进程的变化"和"定式的使用方法"这两个方面，对布局阶段重要的思考方法进行解说。

　　通过布局实例，我们可以掌握在实战中如何具体运用定式的方法，也可以学习到按照什么样的标准选择定式。不要死记硬背手顺，那样得到的知识并不完全，我们需要掌握的是在实战中能够运用的知识。

　　本书收录了148个定式，都是在实战中经常出现的。希望本书能够对大家提高布局的水平有所帮助。

第一章　布局的构成方法

围棋的布局，也就是序盘战，是没有正解的。在布局阶段，我们可以充分地展现出自己的个性和战略，是很开心的场面。但是，如果不懂基本的思考方法，即便自己的构想得以实现，可能很快就会导致局面的形势已经不利于自己。所以，首先需要我们认真学习布局的基础知识，这样才能够在棋盘上构筑自己的世界。

布局的构成方法①

....

下在效率好、价值高的地方

....

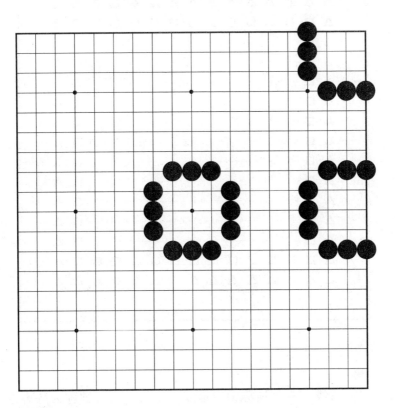

图1

举一个极端的例子，棋盘上三个地方的黑棋都是围出了9目实地。我们数一下它们各自花费的手数，右上角是6手，右边是9手，中央是12手。这样我们就能够明白，按照角→边→中央的顺序行棋是围棋的基本方法。

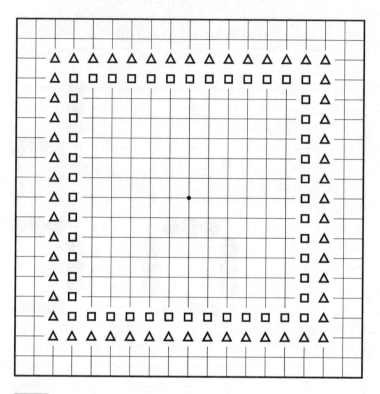

图2

三线（△）被称为实地线，四线（□）被称为势力线。布局阶段基本上都是下在这两条线上。

下在二线，只能围出很小的实地；下在五线，被对方打入后，不易挽回损失。

问题

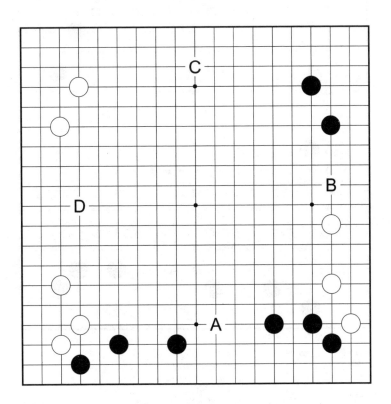

黑先。A～D哪一点好呢?

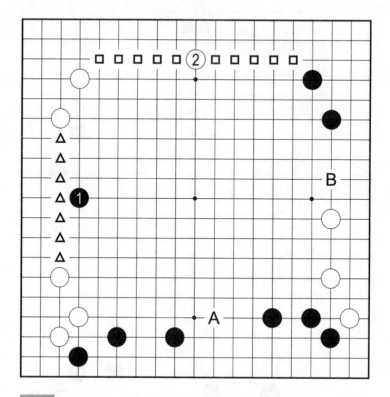

图1 失败图

A位仅仅是围空的一手。就好像是在说"我赢了"，类似胜利宣言的一手，而实际上则是过于偏重下面，在全局上却落后了。

B位是二间拆逼。这手棋不仅幅度非常狭小，而且对于右下的白棋也没有严厉攻击的后续手段。在现在的局面下可以说是很小的一手。

D位（**图1**中的黑1）是对于白棋阵地的侵消，看上去似乎是不错的一手。

但是，左边白棋的幅度（△）是7间，上边白棋的幅度（□）是10间。对于黑1，白2占据到广阔的上边，黑棋亏损了不少。

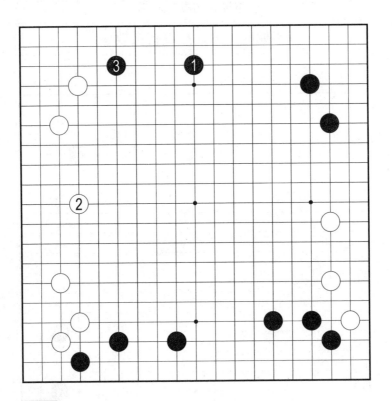

图2　正解图

　　C位（**图2**中的黑1）的黑1是正解。在最宽阔的上边行棋，以右上为中心形成模样。如果白2在左边扩展，则黑3在上边继续发展，同时起到了限制白棋左边的作用。形成这样的局面，黑棋可以满意。

布局的构成方法②

不偏向一方，注重行棋效率

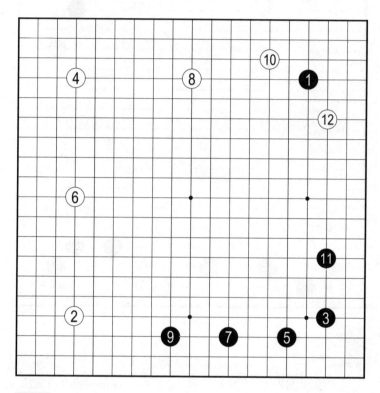

图1　失败图

　　这还是一个极端的例子，黑棋恶手的典型。行棋到黑 5是普通的进行，黑7、9、11不好。或许有人会这样想， "增加了确定的实地，不是很好吗？"但是，黑棋花费了5 手，只在右下一带围出了30目左右而已。在此期间，白8、 10、12占据了大场，黑棋已呈败势。

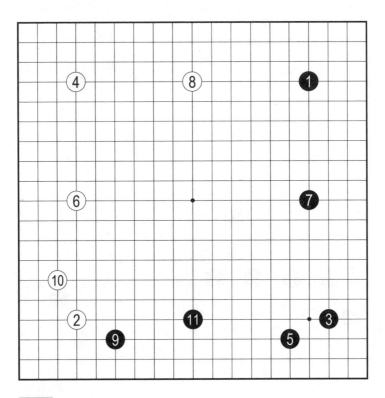

图2

对于前图的失败进行反省，那就应该如本图的黑7、9、11这样，在宽广的地方行棋，注意子力配置的均衡，这种方法请大家一定记在心上。棋子下在宽广的地方，将来才有发展。当然，这也出现了对方打入的缝隙。然而，通过攻击打入的敌方，就可以在棋盘上别的地方获取收益。这样的话，从结果来看，得到实地的可能性是很大的，和失败图相比胜出甚多。

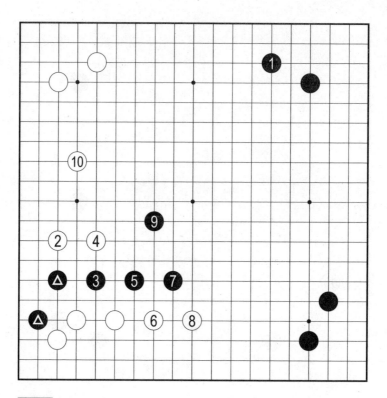

图3

　　什么样的棋子是弱棋呢？弱棋就是一旦被对方吃掉损失巨大，所以是己方不能弃掉的棋子。本图的黑1是大场。但是，白2是夺取黑棋根据地的急场。为了弱棋（▲）不被吃掉，黑3不得不逃出。进行到黑9，黑棋几乎没有增加一目，而白棋在左边和下边都构成了实地的模样。这样的进行黑棋已经呈败势了。

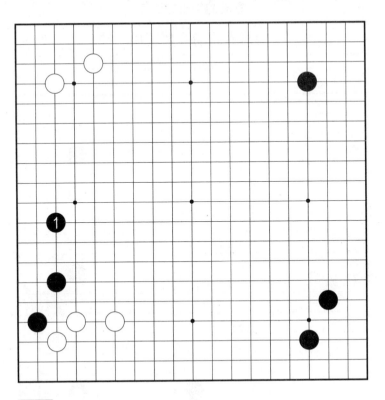

图4

　　黑1，不要犹豫是后手，坚实地守护住自己的根据地，是非常重要的一手。因为一旦被攻击，哪怕没有被吃掉，也会让对方得到极大的利益。在对方获利之前未雨绸缪，是掌握布局要领的第一步。

布局的构成方法③

不能只看眼前，要统揽全局

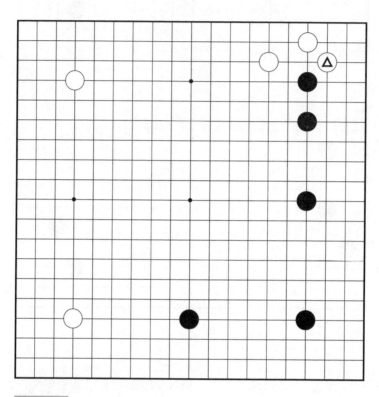

问题图

△点入三三。黑棋如何应对呢?

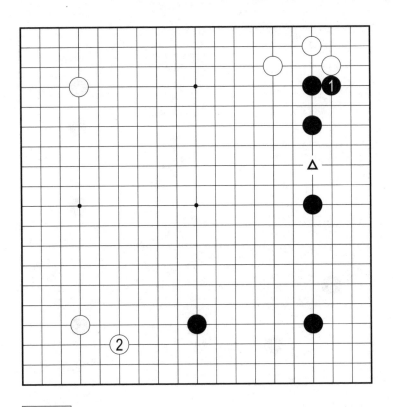

失败图

　　因为漏着风会被白棋侵入，黑1是不是要挡住？这样跟着对方应的话是不行的。当然，仅就局部而言黑1是很大的一手。但是，被白2先行占据大场，则是本末倒置了。进一步，还残留着白△打入的缝隙，右边也很难如黑棋所愿成为实地。从上述的思考出发，综合判断，我们可以明白黑1不是好棋的原因。

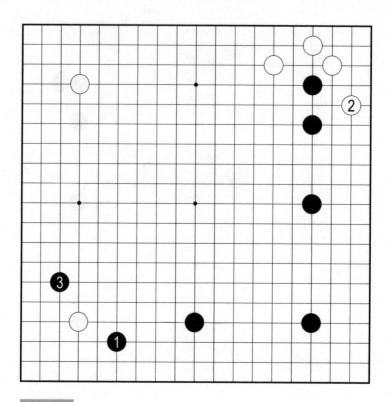

正解图

黑1占据大场是正解。即便被白2进一步飞进来，黑3脱先，如图双飞燕，从全局来看，黑棋主动，占据优势。我们要学会在下棋时，不是只看局部，而是着眼于对整个棋盘的实际思考。

第二章 定式的构成方法

定式就是在进行序盘战时彼此应对的式样或模式。虽然是一个局部最佳的应对，但是，根据周围的状况，定式不适合的场合也时有发生。只有知道了各种各样的定式，才能够在当下的局面中做出最佳的选择。也就是说，定式的知识是和棋力的提升相关联的。本书旨在讲解在什么样的场合下应该选择哪一种定式，而不是让大家死记硬背，就像俗话所说的那样，"定式背住了，棋力弱二目"——我们期待的是让大家的棋力变得更强。

定式的构成方法①

了解各种定式并深刻理解

"知识就是力量"。一旦掌握了各种各样的定式，在序盘战中就会处于有利的地位。

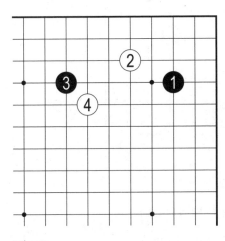

图1

白4这手棋，猛地一看非常奇特，其实是很漂亮的定式。如果黑棋掉以轻心地应对，就会吃亏受损。

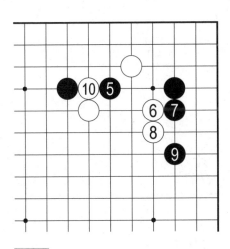

图2

"可以穿象眼！"于是黑5立即行动，结果是上当中计。白棋准备了白6这手棋。进行到白10，黑5一子成了送子观音，被吞噬了。

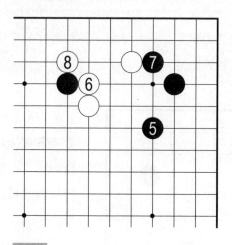

图3

　　黑5可以有各种各样的下法，本图的黑5最为简明。白6回防，黑7尖顶拿到实地，是平分秋色的定式。

定式的构成方法②

理解每一手的意思，即便对方没有按照定式行棋也可以正确应对

如果不去思考只是按部就班地照着定式下，就无法应对对方的变化。只有切实地理解每一手的意思，棋力才能够得到提高。

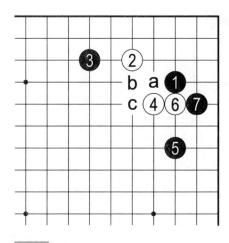

图1

黑5这手棋，定式应该是黑a、白b、黑c地进行。黑5是变着，没有按照定式行棋。粗心大意应对是要吃苦头的。

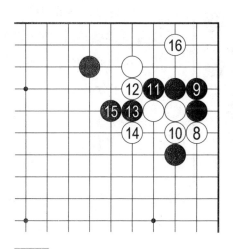

图2

白8开始分断黑棋，黑11、13进行反击。到白16，角上的黑棋好像被吃掉了。

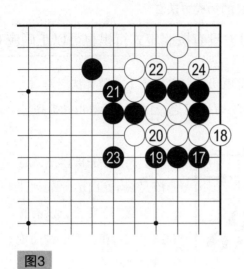

图3

黑17开始进行弃子作战，黑棋得到了铁壁。这样的话，白棋败势。问题出在哪里呢？

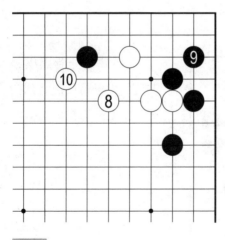

图4

本来这里就是黑棋先下的地方，不被黑棋的变着所诱惑，白8防守之后，白10可以压迫上面的黑棋，十分满足。

定式的构成方法③

根据局面区别使用定式

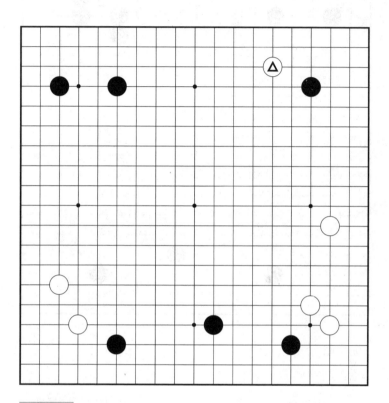

问题图

一旦学会了定式，就很想马上使用。但是，定式不是万能的。根据具体的局面，也许会选择一个最差的定式。

图中右上，△小飞挂角的局面。黑棋应该选择哪一种定式呢?

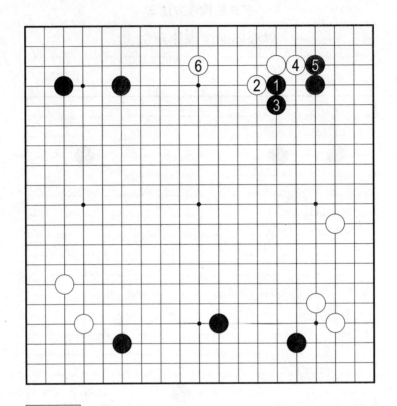

失败图

被挂角之后，很多人总是每次都使用同样一个定式。面对白棋的挂角，不管具体局面如何，是不是先来一个压长定式再说？的确，进行到白6为止是定式。但是，这个局面下，由于右边已经有了白棋，黑1、3特意构成的厚势发挥不了作用。请大家一定牢记，只有当右边有可能变得很大的场合时，才使用压长定式。

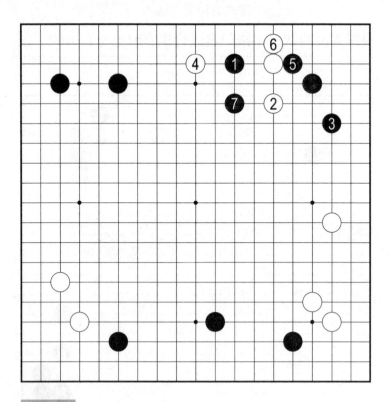

正解图

　　像黑1这样进行夹击，重视上边的下法是正解。夹击的
话，一般来说，哪一点都可以说是正解，不过，这个场合
下，黑1的一间低夹是最为严厉的一手。如果白4反夹，由
于左上有黑棋的援军，进行到黑7，大可一战。根据具体的
局面选择恰当的定式非常重要。

定式的构成方法④

根据周围的状况不按照定式行棋有时也是有力的手段

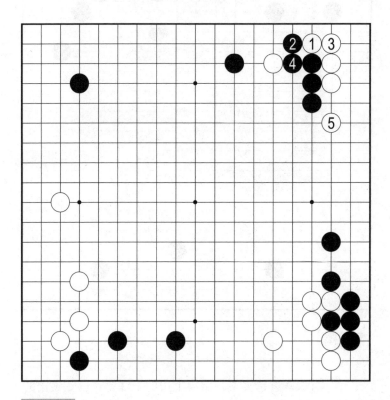

问题图

定式当然很方便，不过，定式也不是万能的。有的时候，我们有必要考虑一下定式之外的手段。

如果能够经常考虑到各种各样的下法，当我们面对不同的局面时，应对的能力就能够得到提高。

如问题图的局面，白1进行到白5，是众所周知的定式，并没有什么不好。不过，这里还是有再下一点功夫的余地。

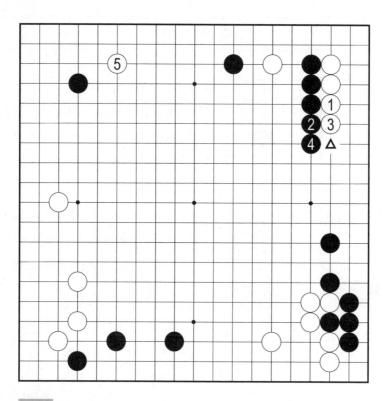

图1

　　白1、3爬。如果黑2、4应，白棋得到先手，可以白5先行挂角。

　　一般来说，白1、3的下法，留下了△挡下的可能，是损棋。但是，这个局面下，由于右下的黑棋非常坚实，可以得出△即便挡下也没有什么大不了的判断。因此，像这样的变着也是有力的下法。

空角的性质

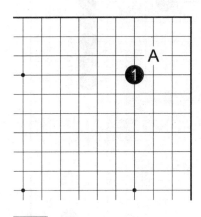

图1

黑1占据**星位**。对于空角而言，这是最多的着点。两条四线的交叉点，是重视势力和速度的下法。其弱点是如果对方打入三三（A），实地将被夺走。当A位被打入后，如何挽回实地的损失，要点就是下功夫构成坚固厚重的布局。

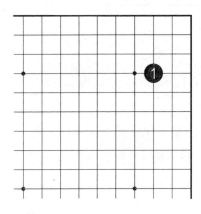

图2

黑1是**小目**。三线和四线的组合。根据对方的应手，可以得到实地或构筑厚势。其特征是定式的变化非常多。

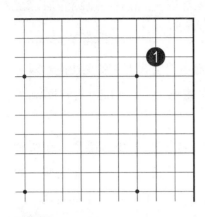

图3

黑1是三三。两条三线的组合，一手就得到了角上确定的实地。其特征是定式的变化不多。

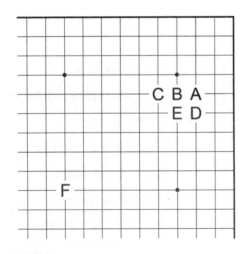

图4

黑A是**目外**，黑B是**高目**，黑C是**五五**，黑D**超目外**，黑E是**大高目**，黑F是天元。

这些四线以上的下法，不适合获取实地。如果是想下出重视势力的布局，这些下法不失为一种选择。

缔角的性质

　　如果不去思考只是按部就班地照着定式下，就无法应对对方的变化。只有切实地理解每一手的意思，棋力才能够得到提高。

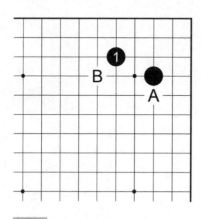

图1

　　黑1是**小飞缔角**。在所有的缔角当中，这是最为坚实的手法，确保了角上的实地。

　　小飞缔角之后白棋的狙击

　　【A】在右边拓展。

　　【B】重视上边到中央的拓展。

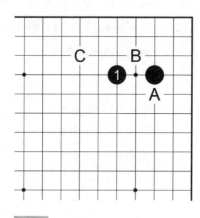

图2

　　黑1是**一间缔角**。上边漏风的棋形，是强调向右边和中央发展的厚实结构。

　　一间缔角之后白棋的狙击

　　【A】在右边构筑势力。

　　【B】破掉角上的实空。

　　【C】瞄着漏风的缝隙。

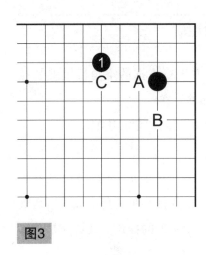

图3

黑1是**大飞缔角**。这是重视上边、速度较快的下法，角上的防守多少有些薄弱。

大飞缔角之后白棋的狙击

【A】在右边构筑势力，难解。

【B】在右边构筑势力，简明。

【C】在中央到上边构筑势力。

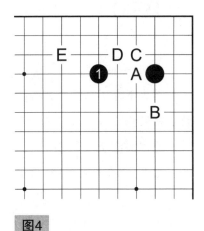

图4

黑1是**二间缔角**。上边漏风的棋形，是速度最快的重视发展性的缔角。

二间缔角之后白棋的狙击

【A】在角上寻求味道。

【B】在右边拓展。

【C、D】破掉角上的实空。

【E】瞄着漏风的缝隙。

挂角的性质

为了防止对方缔角，面向对方先行占据的空角行棋就是挂角。四种挂角的方法各自的性质都不一样。

让我们根据局面和棋风去寻找适当的挂角方法吧。

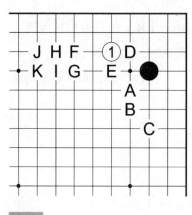

图1

对于角上的小目，白1是**小飞挂**。距离角上最近，是重视实地的挂角。其特征是难解的定式非常多。

黑棋的应手

【A、B、C】重视右边。

【D】取得角上的实地。

【E】构筑外势。

【F～K】重视上边。

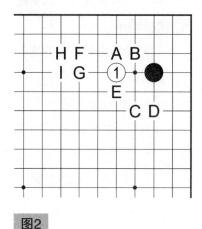

图2

白1是**一间高挂**。

因为下在了高位，其特征就是容易构筑势力。

黑棋的应手

【A、B】取得角上的实地。

【C、D】重视右边。

【E】构筑外势。

【F～I】重视上边。

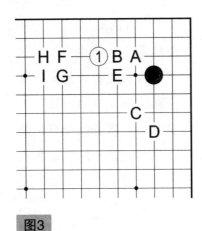

图3

白1是**大飞挂**。因为距离角上较远，让对方得到实地也是无可奈何的事情。不过，其特征是定式不多，简明易行。

黑棋的应手

【A、B】取得角上的实地。

【C、D】重视右边。

【E】构筑外势。

【F~I】重视上边。

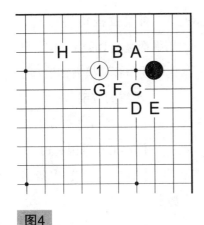

图4

白1是**二间高挂**。

因为和黑棋有一定的距离，且下在了高位，其特征就是容易构筑势力。

黑棋的应手

【A、B】取得角上的实地。

【C、D、E】重视右边。

【F、G】构筑外势。

【H】重视上边。

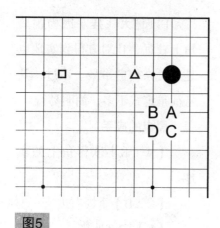

图5

也有白A～D在右边挂角的手法。但是，仅就局部而言，黑△单关应，白棋有些损。当局面处于右边重要，或者已经有了黑□等棋子，一般的挂角比较难受时，才使用这种手法。

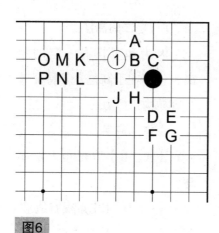

图6

对**星位挂角**的时候，几乎都是白1的小飞挂。其他的挂角容易损失实地。

　　黑棋的应手

　　【A、B、C】守角。

　　【D～G】重视右边。

　　【H、I、J】构筑外势。

　　【K～P】重视上边。

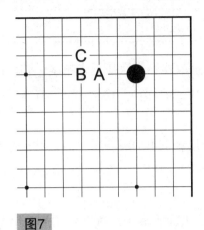

图7

我们简单地看一下其他的挂角手法。白A的一间高挂，白B的二间高挂，白C的大飞挂，都是非常少见的手法。由于这些挂角的棋子远离角部，是损失实地的下法。根据周围的状况或者重视势力的时候，在和小飞挂进行比较之后也可以采用。不要觉得看上去感觉不错就贸然去下。

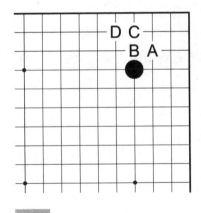

图8

这种手法就不能叫作挂角了，白A点三三是重视实地的下法，近年来常见。

根据周围子力的配置关系，白B的托和白C、白D的漏挂，也是一种有力的手段，切忌孤军作战。

专栏 油管直播

近年，油管（YouTube）上围棋头衔战比赛的直播越来越多，和以前相比，我们现在可以很容易地欣赏到各种棋战的比赛。检索一下"日本棋院围棋频道"就可以看到。

在直播间，我们不仅可以鉴赏到对局者下出的每一手，而且总是挂在屏幕上的棋盘也令人赏心悦目。"看，他落子的棋音很有力，应该是对形势非常自信吧"，有人也会从这个方面来欣赏。

对局者的各种小动作也值得关注。当在直播中听到"糟了"的嘟囔声时，我们可以看到原来职业棋手也有为难的时候，于是就会产生出亲近感也未可知。对局中脱掉外衣可以让我们感受到对局者气势十足，而从他们的表情上或许也能够看出形势不妙，对于这些小动作的解读也是乐趣之一。

当然，油管上的直播都配有职业棋手来进行解说。从利用AI的最新研究来分析，到讲述对局者的逸闻趣事，甚至还有小点心的美食点评，话题的范围非常广泛，下足了各种功夫，让长时间观看的爱好者不至于产生厌烦。因为在实况直播之后有存档，这样就可以灵活使用，只看解说，领会要点。

观看围棋比赛的直播不仅对提高棋力有所帮助，而且就是只看对局者的神态也很有趣，希望读者们一定去看一次。

第三章　常用定式介绍

「星位」篇

小飞挂的应对

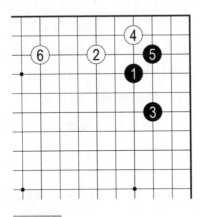

定式1　　　　　　　　图1

对于黑1的星位，白2是最正统的挂角方法。黑3是希望发展右边时的下法。白4的意图是在削减黑棋实地的同时安定自身。黑5不仅是双方根据地的要点，在实地上也是很大的一手。白6的防守是必需的一手，防止被攻击。黑1到白6的下法是定式。

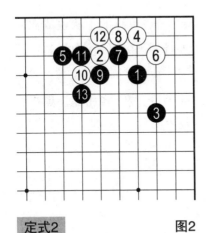

定式2　　　　　　　图2

当上边很大时，黑5可以夹击。

允许白6进角的回报是黑7可以封锁住白棋。进行到黑13抱吃告一段落。实地和厚势的两分。

小飞挂的应对

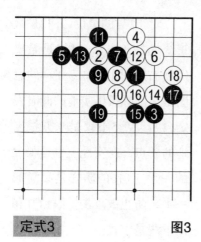

定式3　　　　　　　图3

也有白8挤一手的下法。黑9、11吃掉白2一子，白14枷吃住黑1。白18也可以下在左边一路提掉黑1，优劣难判。进行到黑19告一段落。

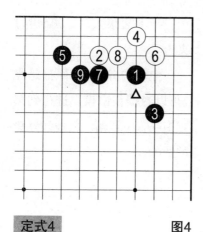

定式4　　　　　　　图4

黑7单压的手法也成立。进行到黑9封锁住白棋告一段落。缺点是因为残留着白△位的手段，和图2相比，黑棋的这面墙壁比较薄弱。

小飞挂的应对

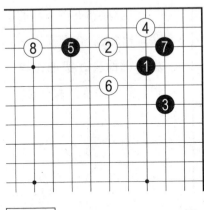

变化图 图5

如果白棋不愿意被封锁，可以白6跳出。黑7之后白8反夹。在白棋认为可以一战的局面下，这一定式是常用的下法。反过来说，除此之外的场面几乎不能这样下。

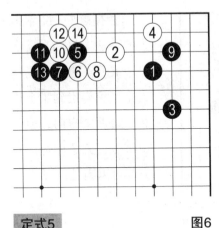

定式5 图6

白6靠压出头的手法是坚实的下法。黑9守住三三的话，白10断吃一子。黑9如果下在11位，白9位则点三三。

小飞挂的应对

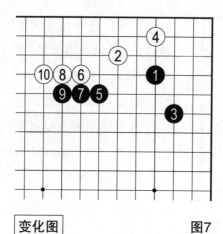

变化图　　　　　图7

也有黑5下在上面的手法。白6之后在上面连压。就局部而言，实地比较亏损，其目的是扩大右边。

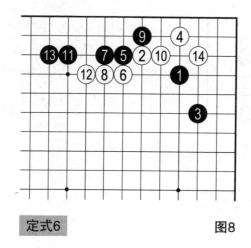

定式6　　　　　图8

也有黑5直接靠上去的下法。目的是要在上边展开。进行到黑15为止，黑棋走到了上边和右边两个方向，但是白棋也得到了厚势。双方都可以满足。

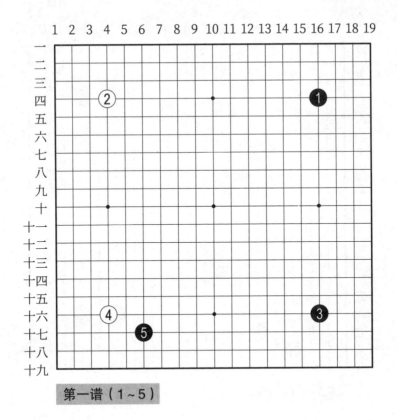

第一谱（1~5）

【黑1】16-四 右上角星位

在角上行棋的时候，将近一半都下在星位。

【白2】4-四 左上角星位

白棋也是星位。其特征是保持了均衡。

【黑3】16-十六 右下角星位

二连星。AI也很喜欢星位。

【白4】4-十六 左下角星位

白棋也是二连星。

白棋的二连星，意思就是"无论什么样的布局都可以对抗"，有一种堂堂正正的感觉。

【黑5】6-十七 小飞挂角

这是针对白棋星位使用频率最高的挂角方式。

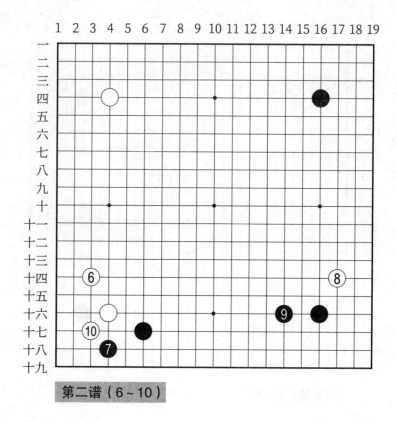

第二谱（6～10）

【白6】3-十四　小飞

最老实的应对方法。防止了黑棋下在此处成为双飞燕。

【黑7】4-十八　小飞进角

白棋如果下在这里，角上就成为确定的实地。

黑棋在防止这一点的同时也强化了自身。

【白8】17-十四　小飞挂角

左下的定式在这个时候脱先的下法也是经常可以见到的。根据状况再决定选择后面的定式是一种高级战术。

【黑9】14-十六　单关跳

这和小飞守角相似，只不过高一路的下法是更加重视攻击而已。

【白10】3-十七　尖三三

由于有了黑9一子，白棋做出了没有必要在下边投入子力的判断，于是决定尖在三三。黑棋在下边已经构成强势，白棋现在打入不是什么好策略。

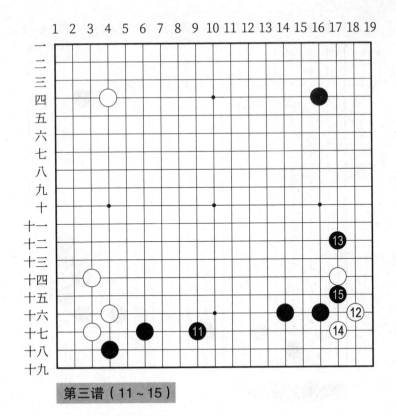

第三谱（11～15）

【黑11】9-十七　二间拆

左下的两个黑子（黑5、黑7）不能被攻击。（**定式1**）

【白12】18-十六　小飞进角

这里也是飞角。不管对方是小飞守角还是单关守角，基本的思考方法都是一样的。

【黑13】17-十二　一间低夹

这手棋也可以应在三三，现在是重视右边的下法。

【白14】17-十七　尖三三

这是取得根据地的极大的一手。

【黑15】17-十五　尖顶

目的是封锁白棋。

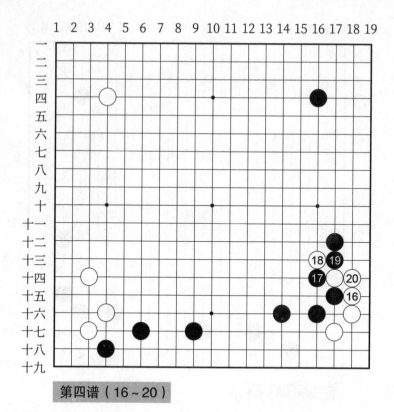

第四谱（16～20）

【白16】18-十五　挡

不让黑棋下立切断，白棋坚实地挡住。

【黑17】16-十四　扳

一边封锁白棋，一边与左边（黑13）取得联络。

【白18】16-十三　连扳

给黑棋的外势留下隐患。

【黑19】17-十三　断

这里如果让白棋走到的话，白棋就顺利出头了。

【白20】18-十四　粘

因为被打吃，粘住防守。

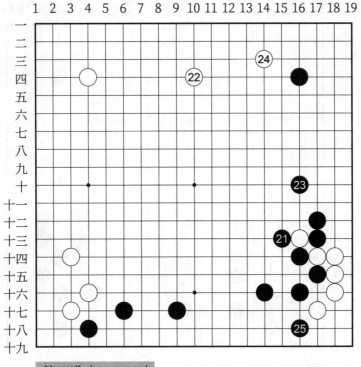

第五谱（21～25）

【黑21】15-十三　打吃

征子吃掉棋筋。（**定式2**）

【白22】10-四　拆边

引征。白18弃子作战就是为了这个先手。

【黑23】16-十　小飞

这是间接吃住了白棋。

【白24】14-三　小飞挂角

大场。也有限制黑棋模样的意味。

【黑25】16-十八　跳

一方面是对右下的白棋施加压力，一方面是封住下边白棋的出路。

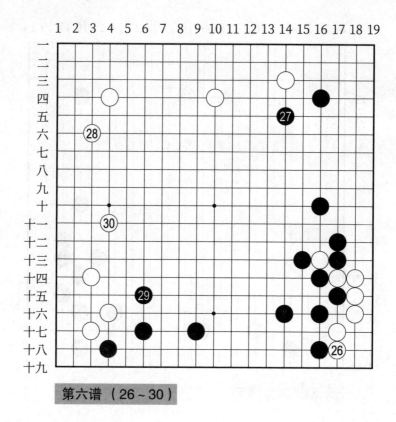

第六谱（26～30）

【白26】17-十八　挡

如果脱先白棋是死形，不得不应一手。

【黑27】14-五　飞镇

扩大右边的模样。和白棋置换一下就可以很容易地看出其优劣。

【白28】3-六　小飞缔角

大场。白棋在左上连成一体构成模样。

【黑29】6-十五　跳

扩大下边，同时限制了白棋左边的模样。

【白30】4-十一　大飞

将左边构筑成为白棋的势力圈。看上去双方好像就是在漫不经心摆定式似的，其实每一手棋都是经过思考的结果，这一点非常重要。

托扳

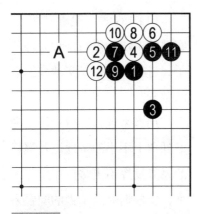

定式7　　　　　　　　图1

对于黑3的小飞守角，白4、6是**托扳定式**。其目的就是在蚕食角上实地的同时，加强白棋自身。

黑7的打吃是最常出现的应手。白10渡过，黑11立下，白12贴长，告一段落。根据周围子力的配置，白12也有在A位拆一的下法。

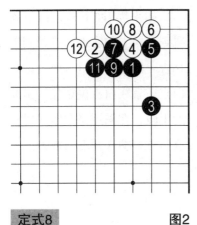

定式8　　　　　　　　图2

黑棋如果希望在右边扩展的话，也有黑11压的下法，和白12交换后得到先手可以转身它投。局部稍微有些亏损，是重视布局速度的下法。

托扳

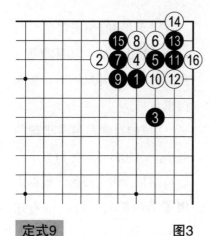

定式9 　　　　　　　　　图3

白10的话，是获得角上实地的下法。黑11、13弃掉三子，进行到白16是实地和厚势的两分。

局部来说，黑棋稍好。考虑到角上不小的实地以及黑棋的厚势发挥不出多少作用等因素，要根据周围子力的配置来决定是否采用这个定式。

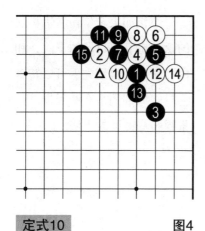

定式10 　　　　　　　图4

如果黑9冲下去，白棋就得到了角上的实地。进行到黑15告一段落，不过，要考虑到白棋还有在白△位粘住后出动的手段，在采用这个定式时，这一点要纳入判断的视野。

托扳

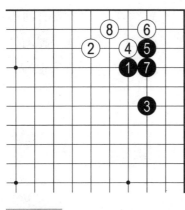

黑7粘住是最简明的应手。进行到白8告一段落。黑棋因为得到先手可以满足，而白棋的一方也得到了坚实的棋形。

定式11　　图5

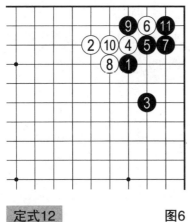

近年来，也可以看到有黑7立下的下法。黑棋在角上的棋形虽然有些凝固重复，但是也可以说是非常坚固的。白棋的棋形是厚势还是弱棋，根据局面的进行会得出不同的判断。

定式12　　图6

托扳

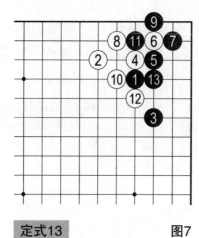

定式13　　　图7

黑7的扳是以前就有的手法。黑棋被白12当头一棒闷打一手很难受，是重视实地的下法。

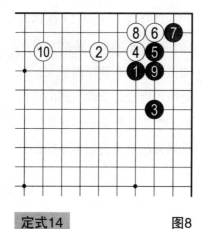

定式14　　　图8

白8粘住是简明的下法。进行到白10，是双方都可以满意的变化。

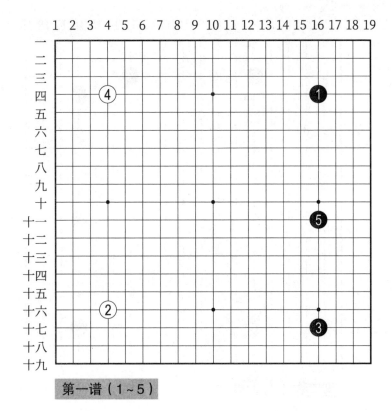

第一谱（1~5）

【黑1】16-四 右上角星位

第一手下在盘上哪里都可以。不过，下在右上角被视为一般的礼仪或规矩。

【白2】4-十六 左下角星位

对于黑棋第一手的星位，第二手的白棋，下在左上和左下，意思是不一样的（下在左上和右下则是一样的）。

【黑3】16-十七 右下角小目

星位和小目配合的布局非常多。根据小目的方向，今后局面的开展也将呈现不同的走势。

【白4】4-四 左上角星位

白棋是二连星。

【黑5】16-十一 拆

这是被称为"高中国流"的棋形。如果下在右边一路则是普通的中国流。和三连星一样，都是重视右边的发展。因为是小目，和三连星相比，更加在意实地。

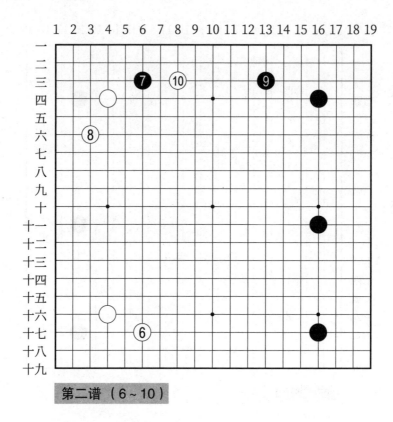

第二谱（6～10）

【白6】6-十七　小飞缔角

星位的小飞缔角以前被看作是效率差的一手，近年来成为常用的手法。这是一边增加左下的力量，一边牵制右边黑棋的阵型。

【黑7】6-三　小飞挂角

目的是在右边到上边形成势力圈。

【白8】3-六　小飞

这手小飞守角在以前也被视为不好的一着。但是，现在则成为下得最多的应手。

【黑9】13-三　大飞缔角

在构成右上的势力圈的同时，为左上的黑棋送去援军。

【白10】8-三　一间低夹

将黑7作为攻击的目标。

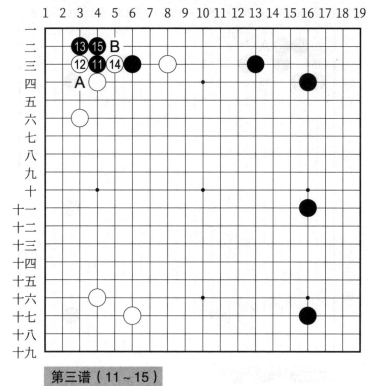

第三谱（11～15）

【黑11】4-三　托

与其向中央出头，不如在角上腾挪，黑棋判断这样行棋更有价值。

【白12】3-三　挡

不能简单地让出角上的实地。

【黑13】3-二　扳

这是前面刚刚介绍的定式。即便是在白棋有夹击的一子（白10）的场合依然可以使用。

【白14】5-三　打吃

如果白棋A位粘住，被黑棋B位虎住，白棋上边夹击的一子没有发挥作用。

【黑15】4-二　粘

被打吃后必须的一手。

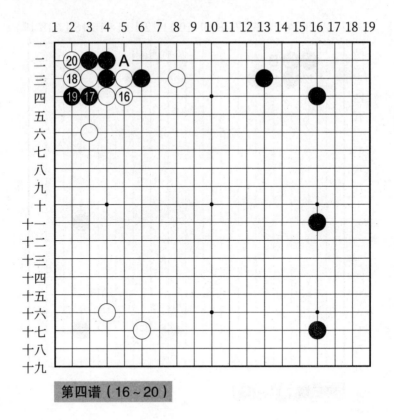

第四谱（16~20）

【白16】5-四 粘

防止切断被吃。

【黑17】3-四 断

由于白棋已经有了夹击的一子，A位渡过并不舒服。这里进入角上。

【白18】2-三 立

多弃一子，是增加了先手便宜的借用。

【黑19】2-四 挡

这里的攻杀黑棋快一气胜出。

【白20】2-二 拐

再多弃一子。因为对方为了吃棋也要多花费手数，即便被打吃也不损失实地。

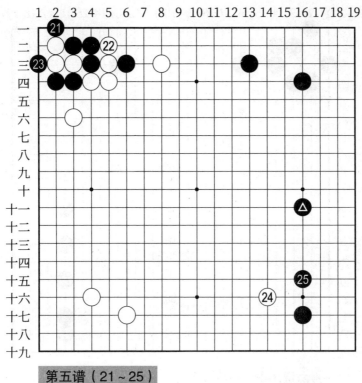

第五谱（21～25）

【黑21】2-一　扳

为了吃住白棋仅此一手。

【白22】5-二　冲

虽然丢失了角上的实地，取而代之的是外面得到了厚势。

【黑23】1-三　打吃

黑棋得到了不小的实地。这是双方满意的变化。（**定式9**）

【白24】14-十六　挂角

虽然也可以在25位挂角，但是，由于已经有了⬤一子，白棋多少有些不舒畅。从这边挂角就是让黑棋得到右边，反过来白棋希望在下边扩大阵势。

【黑25】16-十五　跳

如果让白棋下到这里的话，黑棋的角上就很憋屈了。

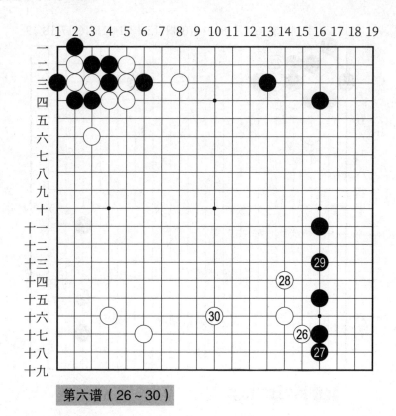

第六谱（26～30）

【白26】15-十七　尖顶

守护住下边的漏风。

【黑27】16-十八　立

这是极大的一手。事关双方的根据地。

【白28】14-十四　跳

一边扩大下边的势力，一边限制右边黑棋的模样。

【黑29】16-十三　跳

坚实地防守住联络上的缝隙，将右下实地化。

【白30】10-十六　拆

给予黑棋实地的损失，在下边得到弥补。

中国流虽然是模样的棋，但是也可以下成这种先行捞取实地的布局。

一间低夹

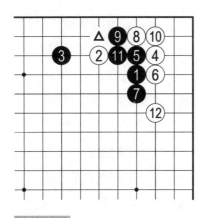

定式15　　　　　图1

对于白2的挂角，如果重视上边的话，就进行夹击。

其中对于白棋压力最大的就是这里的黑3的一间低夹。对此白4点三三是常用的手法。黑5遮断，白6捞取角上实地。黑7是二子头的急所。白8、10先手扳粘，白12跳出。近年来黑11也常常下在△位。

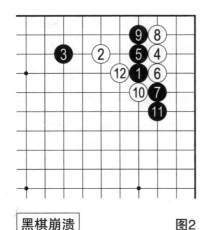

黑棋崩溃　　　　　图2

黑7很想扳下去，白8冷静。黑9遮断白棋联络的话，白10可以切断黑棋。黑11即便可以救助这边，白12也可以吃住黑棋三子，黑棋以失败而告终。

一间低夹

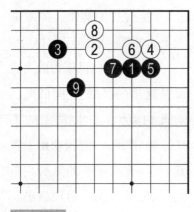

定式16   图3

重视右边的时候，黑5从下边挡住。白6联络，黑7是二子头的急所。白8立下防止冲断。黑9封锁后告一段落。不过，白棋在这里得到了先手。所以，需要注意的一点是，右边如果是没有黑棋的状态，白棋将会先行占据。

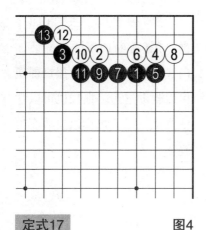

定式17   图4

白10顶，这手棋以前被视为恶筋，现在根据AI的研究被重新评价了。虽然黑棋得到了厚势，和上图相比，右边漏着风，这是白棋可以满意的地方。

一间低夹

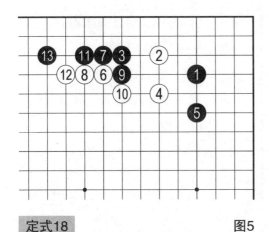

定式18　　　　　图5

如果是白棋不想点三三的场合，也有白4跳的手法。更进一步，白6飞罩对黑棋施压。虽然这种下法让黑棋先行得到了实地，不过，在白棋希望构筑外势的场合下却是一种有力的手段。

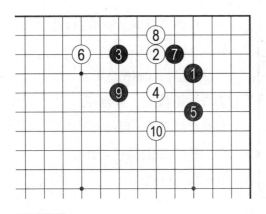

变化图　　　　　图6

也有白6反夹的下法，这样就形成了双方都没有根据地的战斗。如果左上方的白棋是很强的场合，就可以选择这样的变化。

一间低夹

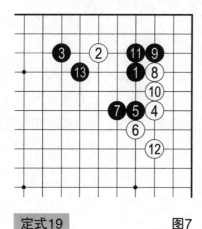

定式19　　　　　**图7**

白4再挂，形成双飞燕，这是重视右边的下法。

黑5、7压长，白8以下的进行是一例。黑棋得到了上边，白棋拿到了右边。

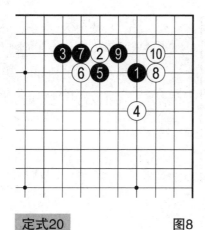

定式20　　　　　**图8**

白棋双挂时，也有白4高挂的下法。黑5靠压，白6和黑7交换之后，白8托是手筋。因为有先手借用，黑9吃住一子是普通的下法，到白10告一段落。白棋要根据具体的局面，对比**图1**进行选择。

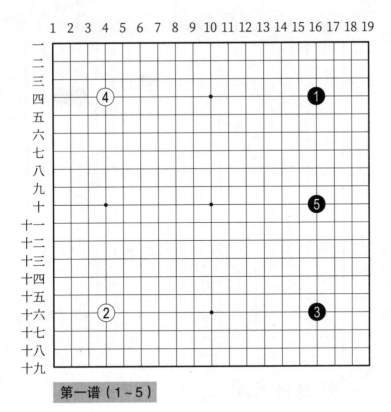

第一谱（1~5）

【黑1】16-四　右上角星位

星位的布局也适用于让子棋。掌握之后有益无害。

【白2】4-十六　左下角星位

如果白棋不想让黑棋下成对角型布局，就在左下角行棋。

【黑3】16-十六　右下角星位

二连星。可以说这是最基本的布局。

【白4】4-四　左上角星位

白棋也是二连星。虽然是常见的布局，接下来的变化却是无限的。

【黑5】16-十　拆

三连星。这种模样棋的布局在20世纪90年代初期开始流行。不管是谁至少都下过一次这种布局吧。

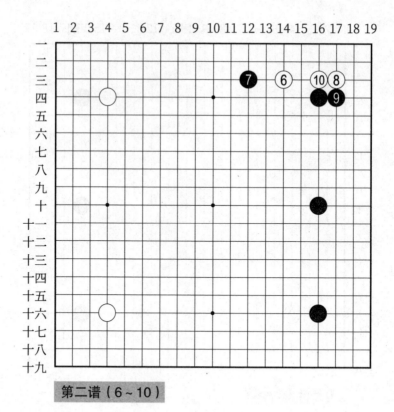

第二谱（6～10）

【白6】14-三　小飞挂角

挂角是最常见的下法，白棋也可以用三连星布局来对抗。

【黑7】12-三　一间低夹

对白棋最有压力的下法。

【白8】17-三　三三

目的是获得角上的实地。

【黑9】17-四　挡

发挥右边三连星的作用，从这边挡住。

【白10】16-三　爬

这是和黑9见合的场所。

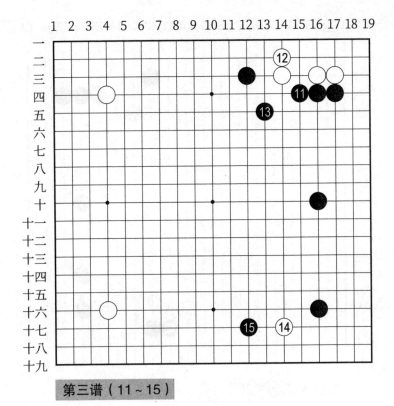

第三谱（11~15）

【黑11】15-四　长

如果让白棋在这里虎起来，黑棋形状崩坏。

【白12】14-二　立

高效防止了黑棋的冲断。

【黑13】13-五　小飞

在和上边的黑棋取得联络的同时，将白棋封锁在里面。（定式16）

【白14】14-十七　小飞挂角

右上告一段落。转战下边抢占大场。

【黑15】12-十七　一间低夹

在这里也是严厉夹击。

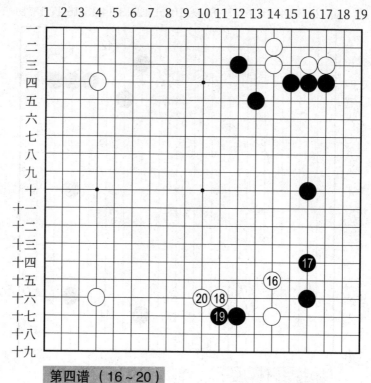

第四谱（16～20）

【白16】14-十五　跳

此时，和右上一样也有点三三的下法。跳出的一手是意识到黑棋的厚势。

【黑17】16-十四　跳

不能被白棋封锁在角上。

【白18】11-十六　飞罩

对下边的黑棋施加压力的同时，强化白棋自身。

【黑19】11-十七　爬

立即出动，意在活棋。

【白20】10-十六　长

压迫黑棋，白棋自然地走在外面。

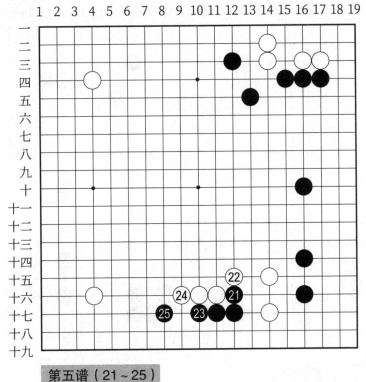

第五谱（21~25）

【黑21】12-十六　拐

给白棋的外势制造弱点。

【白22】12-十五　挡

不能让黑棋在这里出头。

【黑23】10-十七　爬

如果这时在左边一路跳出的话，黑棋有冲断的手段，必须避免。

【白24】9-十六　长

二子头。自身也没有断点。

【黑25】8-十七　跳

继续爬的话，让白棋的厚势得到进一步的加强。跳一手出头在先。

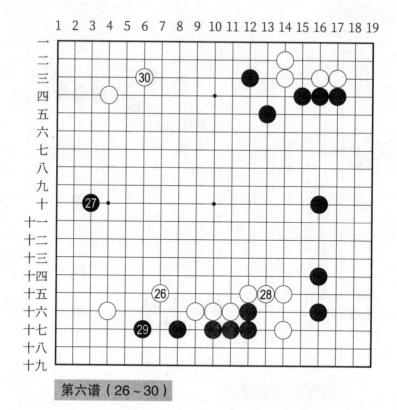

第六谱（26~30）

【白26】7-十五　小飞

和左下的星位取得联络。（定式18）

【黑27】3-十　分投

消除白棋下边厚味的大场。

【白28】13-十五　棒接

消除弱点，瞄着对右边和下边的狙击。

【黑29】6-十七　跳

白棋已经强化了自身，下边的黑棋就不安全了。补棋。

【白30】6-三　小飞缔角

白棋在加强左上角的同时，牵制右边的黑棋。

三连星的布局比较容易形成模样棋，喜欢空中战的人可以一试。

二间高夹

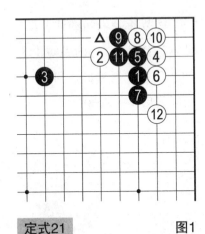

定式21　　　　图1

黑3的二间高夹，和一间低夹相比对白棋的压迫力不足，反过来讲也不容易遭到白棋的反击。

白4点三三，和一间低夹一样，进行到白12告一段落。之后，白棋有△位出动的狙击手段。

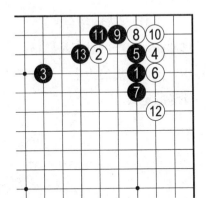

定式22　　　　图2

为了封住**图**1中白△的出动，近年开发出了黑11、13的手法。尽管落了后手，但厚实的棋形可以满足。

二间高夹

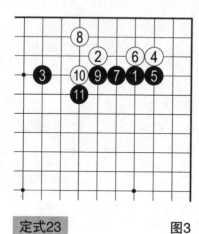

定式23 　　　　　　　图3

如果重视右边的话，黑5从这边挡住。白8的尖防止了冲断，进行到黑11，和黑3取得联络后告一段落。

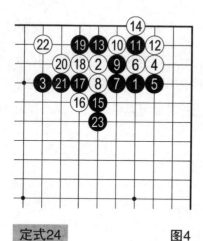

定式24 　　　　　　　图4

白8长起来的场合，黑9、11冲断。以下的进行是黑13、19弃子，到黑23为止，是构筑外势的定式。

二间高夹

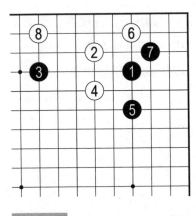

白4的跳当然也是定式。为了避免被封锁，黑5应一手。白6、8虽然在低位，但是得到了根据地，告一段落。

定式25　　　　图5

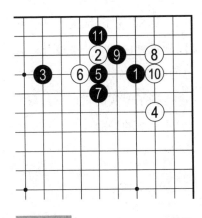

白4双飞燕是变化非常多的复杂定式。

黑5靠压，白6扳，之后白8点三三，这是传统的定式。黑9重视上边，黑11制住白棋告一段落。

定式26　　　　图6

二间高夹

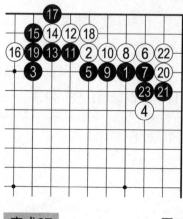

图7

白6也有直接点三三的下法。黑7重视右边,白8渡过。以下的进行是黑棋将白棋封锁,白棋得到实地,是双方可以接受的两分。

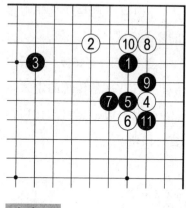

定式28　　　图8

黑5在右边靠压的话,可以预见到白10为止的变化。黑3的位置虽然有点奇怪,但右边得到了厚实的棋形,是双方不分上下的局面。

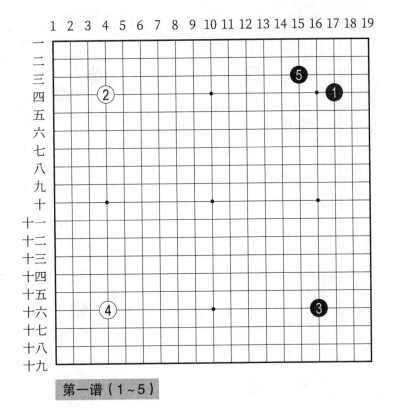

第一谱（1~5）

【黑1】17-四　右上角小目

和星位相比更加注重实地的占角手法。

【白2】4-四　左上角星位

这里，下在左上和下在左下，意思完全不同（左上和右下也是不同的）。不希望黑棋下出向小目布局的话，就在这里行棋。

【黑3】16-十六　右下角星位

星位和小目的组合。

【白4】4-十六　左下角星位

白棋构成二连星的阵势。

【黑5】15-三　小飞缔角

这是最坚实的缔角。

到黑5为止的布局，在取得实地的同时注重全局的均衡，推荐给喜欢平稳展开的爱好者。

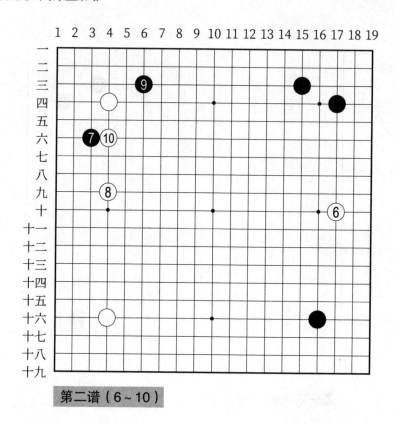

第二谱（6~10）

【白6】17-十　分投

防止右边黑棋形成大模样。下在上下都有拆二余地的位置上。

【黑7】3-六　小飞挂角

从哪个方面挂角都是一局棋。

【白8】4-九　二间高夹

重视左边的夹击。

【黑9】6-三　双飞燕

点三三固然简明，这里是寻求更佳的变化。

【白10】4-六　靠压

靠压上边或左边都可以。考虑到白8的配置不错，印象中在这边靠压的人比较多。

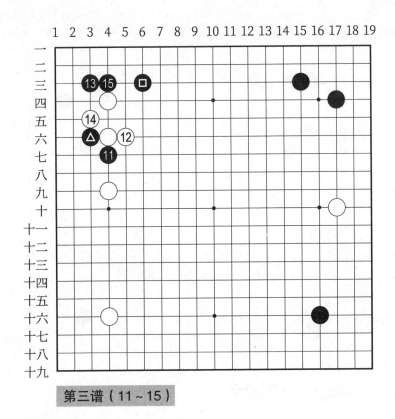

第三谱（11~15）

【黑11】4-七　扳

当被靠压住的时候，首先要思考的就是，被靠压的一子要有所动作。

【白12】5-六　长

出头好形。

【黑13】3-三　三三

实地的急所。与△和□的联络成为见合。

【白14】3-五　挡

从哪边挡是一个问题。

在上边挡的话，由于右上已经有了黑棋的小目缔角，价值变低，所以更加注重右边。

【黑15】4-三　爬

左边已经被遮断。在上边取得联络。

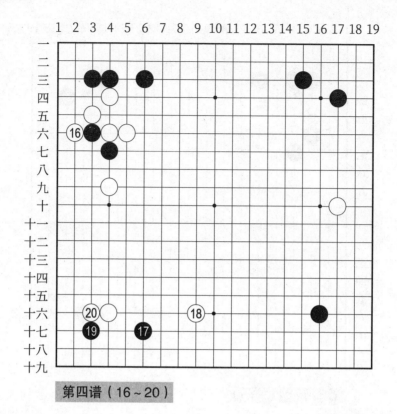

第四谱（16~20）

【白16】2-六　打吃

制住黑棋二子。到此为止是定式。（**定式26**）

【黑17】6-十七　小飞挂角

前面告一段落。抢先占据大场。

【白18】9-十六　二间高夹

这里也是二间高夹。要说意图的话，那就是志在中央。

【黑19】3-十七　三三

左上的白棋很强，进行战斗不是良策。

简明地捞取实地。

【白20】3-十六　挡

这里是白棋希望发展左边的场面，所以从这边挡住。

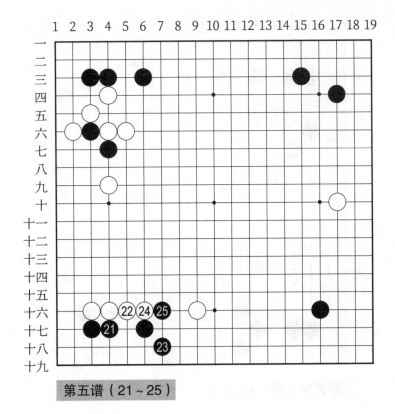

第五谱（21～25）

【黑21】4-十七　爬

这是和白20见合的场所。

【白22】5-十六　长

如果让黑棋下在这里，白棋模样消失殆尽。

【黑23】7-十八　尖

高效防止断点。

【白24】6-十六　压

联络左右的白棋。

【黑25】7-十六　扳

先手给白棋的厚壁制造毛病。

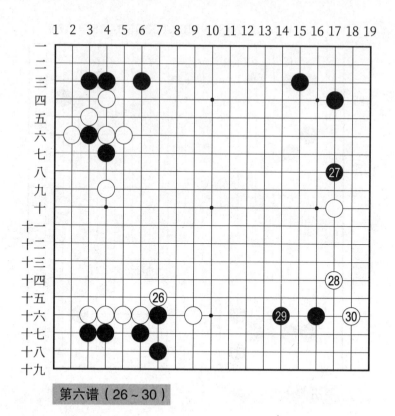

第六谱（26～30）

【白26】7-十五　扳

不能允许黑棋在这里突破出去。（**定式23**）

【黑27】17-八　拆逼

在增加右上黑棋实地的同时，对右边的白棋施压。

【白28】17-十四　挂角

一旦让黑棋下在这里，白棋就失去了根据地。

【黑29】14-十六　跳

避免白棋的双挂。

【白30】18-十六　飞角

削减黑棋角上实地的同时，强化右边的白棋。

二间高夹的下法，推荐给喜欢棋风厚实的爱好者。

压长

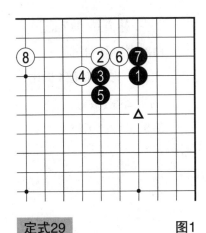

定式29　　　　　　　图1

黑3、5是"压长定式"。在希望构筑右边的模样时使用。

对此，白4是"靠压要扳"。白6长出之后白8拆是基本定式。

随后，黑△位的防守虽然是本手，但也有省略不走的时候。

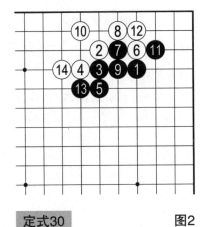

定式30　　　　　　　图2

如果觉得**图1**中黑棋实地有些大，希望多少削减一些的话，白6可以托。黑7挖，制造出断点，白10补强。

进行到白14为止告一段落。这个局部白棋没有什么不满，最终的优劣判断要看右边黑棋模样的大小。

压长

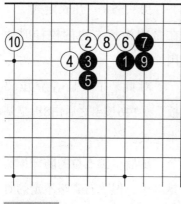

定式31　　　　　　　图3

如果对方的黑7重视角上，白8接住后白10拆边。

如此一来，和**图1**相比，白棋的效率稍微好一些。不过，黑棋也得到了厚形，各有所得。

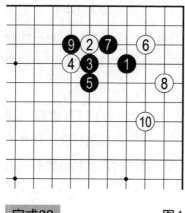

定式32　　　　　　　图4

在上边的价值低下的场合，也有白6潜入三三的手法。被黑7、9吃住一子虽然很痛，但进行到白10，白棋掏掉了角上和右边。

压长

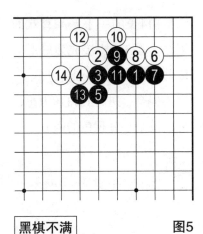

黑棋不满　　　　　图5

黑7从这边挡住的话，进行到白14，和**图2**相比，黑棋损。除非右边可以围出巨空，否则不能使用。

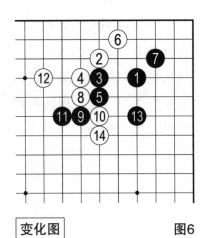

变化图　　　　　图6

最近，白6尖的手法越来越多。白10切断，将形成连绵不断的战争。白8在上边拆一手则是稳妥的进行。

压长

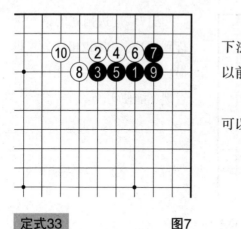

定式33　　　　　图7

白4长的一手是AI喜欢的下法。黑5的棒接成为好形，以前是不肯这样下的。

但是，进行到白10为止，可以说是平分秋色的两分。

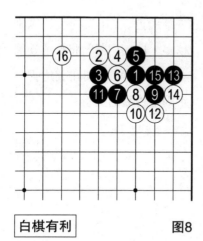

白棋有利　　　　图8

黑5如果挡住，白6、8的冲断严厉。黑9、11在两边顽强抵抗，局部而言是对白棋有利的战争。视周围的配置情况，也不失为一种有力的战法。

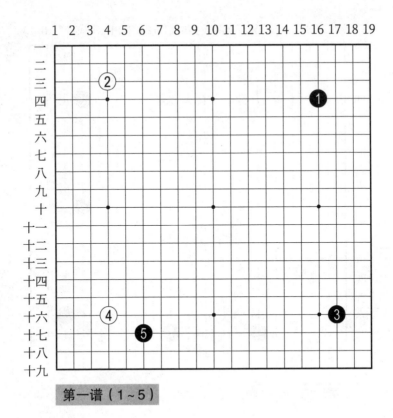

第一谱（1~5）

【黑1】16-四　右上角星位

闲聊一句，笔者已经有十年以上第一手不下在星位了。这是棋风和偏好以及意气使然。

【白2】4-三　左上角小目

实地派喜欢小目。

实战中出现得最多的就是这个位置的小目。

【黑3】17-十六　右下角小目

这是平行布局。

如果下在左下就成为错小目布局。

【白4】4-十六　左下角星位

双方都是星位和小目的布局，位置稍有不同。

【黑5】6-十七　小飞挂角

不急于小目缔角而是先行挂角，这是重视速度的下法。

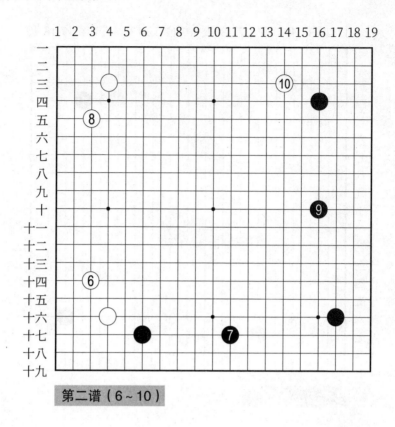

第二谱（6～10）

【白6】3-十四　小飞

重视左边。

【黑7】11-十七　拆

下边的黑棋结构被称为"迷你中国流"。

这是省略缔角重视边上的下法。

【白8】3-五　小飞缔角

这手棋基本上让左上角成为白棋的实地。

【黑9】16-十　拆

意在用下边到右边的模样来一争胜负。

【白10】14-三　小飞挂角

目前的局面下，上边是最大的大场。

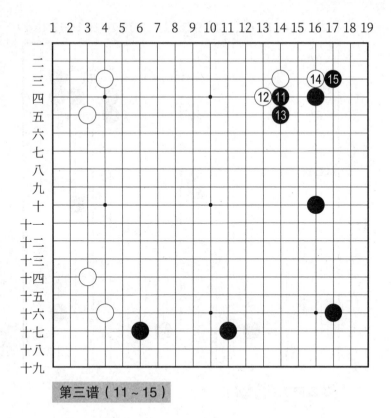

第三谱（11~15）

【黑11】14-四　靠压

这个靠压不仅加强了自身，也让对方得到巩固。但是，和这个损失相比，更看中右边的发展。

【白12】13-四　扳

当被靠压过来的时候，被靠压的一子要动作起来，这是基本原则。

【黑13】14-五　长

右边成为立体的模样。

【白14】16-三　托

和长一手相比更进一路踏入。

【黑15】17-三　挡

不能允许对方再向角上侵入。

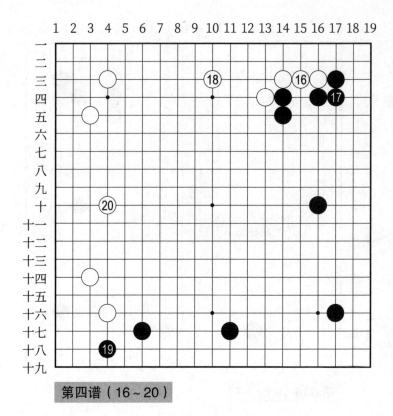

第四谱（16～20）

【白16】15-三　粘住

如果让黑棋下在这里，白棋一子将被吃掉。

【黑17】17-四　粘住

守护断点。

【白18】10-三　拆

如果下在别的地方，白18右边一路被黑棋占据的话，白棋将受到攻击。
要避免发生这样的情况。（定式31）

【黑19】4-十八　飞角

削减白棋实地的极大的一手。

【白20】4-十　拆

在右边构筑模样。

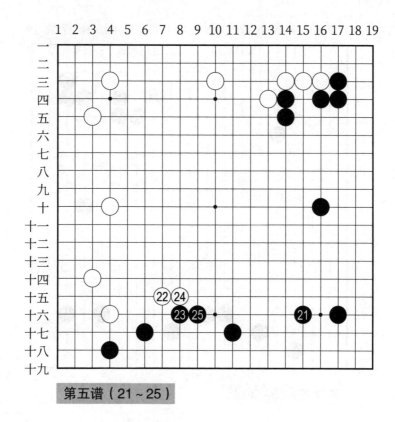

第五谱（21～25）

【黑21】15-十六　一间缔角

巩固角上，是黑棋模样的中心点。

【白22】7-十五　大飞

扩展左边模样的同时压缩下边的黑棋，是模样形成的要点。

【黑23】8-十六　小飞

不能让白棋分割下边，围空的一手。

【白24】8-十五　压

有了白24一子，加强了对中央的影响力，即便巩固了下边的黑棋也在所不惜。

【黑25】9-十六　长

坚实应对，下边成为实地。

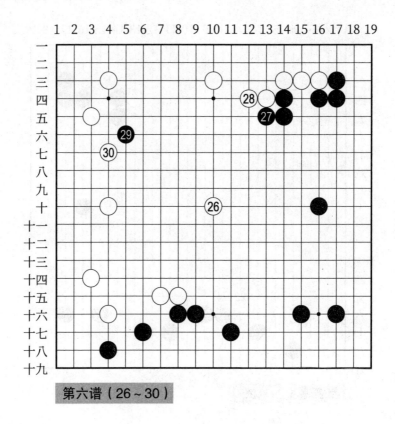

第六谱（26～30）

【白26】10-十 天元

一边扩大左上方，一边睥睨着右下的黑棋，是绝好点。

【黑27】13-五 拐

对于模样的棋来说，下在这样的接点基本上都是好手。

【白28】12-四 长

如果不应的话，被黑棋下在这里，白棋的联络将出现问题。

【黑29】5-六 飞镇

判断之后感觉相互围空没有自信，于是打入白棋模样里。

【白30】4-七 小飞

将右边实地化的同时攻击黑棋。

压长定式的特征是巩固了自身的同时也加固了对方，容易形成模样的格局。

双飞燕

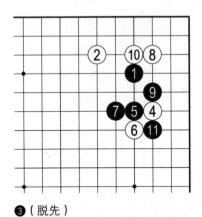

● ③（脱先）

定式34   图1

对于白2的小飞挂角，也有脱先的局面。这样的话，白4双挂形成"**双飞燕**"，从两面攻击黑1。黑棋则5、7（反方向一样）压长，避免被包围。白8点三三是获取实地的定式。黑9挡住，将右边转化为黑棋的势力范围。

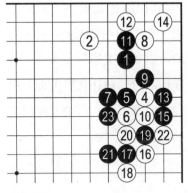

● ③（脱先）

定式35   图2

为了避免被黑棋切断，白10的下法也是成立的。黑13从这边阻渡的话，白14可以联络。其代价是黑15开始追究右边的白棋。黑17的靠压是手筋，黑19利用弃子进行到黑23，在外面形成厚势。

白棋虽然在两边都走到了，但整体棋形薄弱。实战中，要根据具体的局面来选择这个定式。

双飞燕

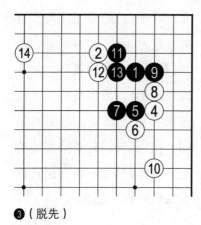

❸（脱先）

定式36　　　　　　　　图3

白8的长是重视右边的下法。白10拆，得到安定。黑11尖顶得到角上的根据地，白14在上边拆，告一段落。

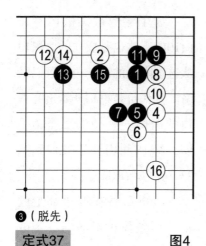

❸（脱先）

定式37　　　　　　　　图4

白8的托是很有追求的下法。黑9、11扳粘注重角上实地。白12在上边拆，黑13、15守护断点，白16在右边拆。白12之后的下法，需要根据周围的状况进行判断。

双飞燕

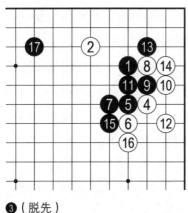

3（脱先）

定式38　　　　图5

在白8托时，即使白棋得到实地，也还是想在上边争胜负的话，黑9可以挖一手。尽管让白12得到了防守的好形，黑17对白2展开攻击，可以弥补损失。

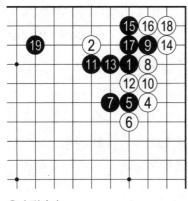

3（脱先）

定式39　　　　图6

黑11的靠压是AI定式。对白12的中断，黑13棒接忍耐。进行到黑19，和前图的下法有些相似，上边黑棋形成坚实的形状。

双飞燕

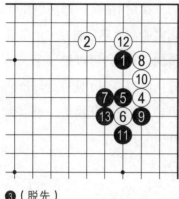

3（脱先）

定式40　　　　　　　　图7

如果是征子有利的场合，黑9可以切断，白10不得不粘住，黑11征子。使用这个定式的前提是，黑11、13拔花后发挥出作用，黑棋足以挽回白12联络后所损失的实地。

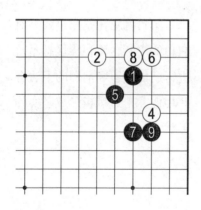

3（脱先）

定式41　　　　　　　图8

黑5的尖，是简明的一手。白6点三三，黑7飞罩（另外一个方向也一样），构筑厚势。

这个定式推荐给那些不介意先给对方一些实地，相信在后面能够将损失追回来的爱好者。

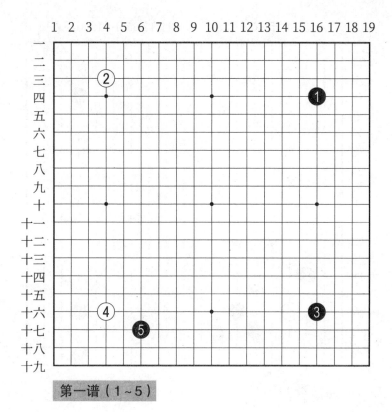

第一谱（1~5）

【黑1】16-四　右上角星位

星位定式日新月异地在进化。新型定式虽然刺激着我们，但对古老定式的学习也会让我们温故知新，在提高棋力方面不无裨益。

【白2】4-三　左上角小目

小目是在三线和四线的组合，均衡感极好的一点。

【黑3】16-十六　右下角星位

黑棋二连星。

【白4】4-十六　左下角星位

白棋是星位和小目的结构。

【黑5】6-十七　小飞挂角

以前的认知是左上角小目的挂角最大，现在则是自由自在的下法。

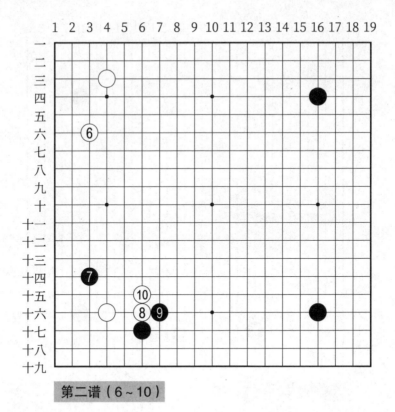

第二谱（6~10）

【白6】3-六　大飞缔角

大飞缔角对于角上相对薄弱，但是对左边却具有影响力。

【黑7】3-十四　双飞燕

既然对方脱先，这里就要获取利益。

【白8】6-十六　靠压

白棋靠压黑5或黑7的哪一个都可以。不过，由于被靠压的棋子容易变强，所以一个原则就是靠压想攻击一方的相反一方。

【黑9】7-十六　扳

如果被白棋再下一手的话，黑棋将损失惨重，所以要应一手。

【白10】6-十五　长

因为是双飞燕，所以和普通的靠压定式相比多少有些变化。

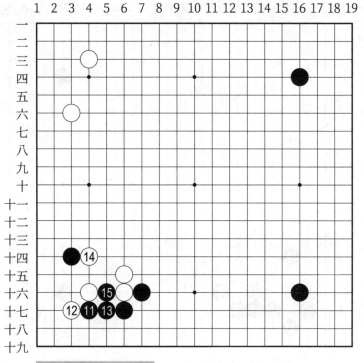

第三谱（11～15）

【黑11】4-十七　托

这是重视下边的一手。如果点三三的话，则是重视左边。

【白12】3-十七　挡

不让黑棋继续侵入角上。

【黑13】5-十七　棒接

坚实地联络，瞄着白棋的断点。

【白14】4-十四　靠压

让对方获得角上的实地，己方在左边得到补偿。

【黑15】5-十六　冲

从缝隙中冲出，破坏白棋的棋形。

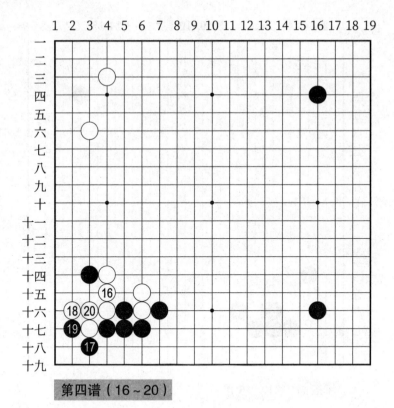

第四谱（16～20）

【白16】4-十五　棒接

仅此一手，其他的下法都难以两全，左右的白棋将会被吃住一边。

【黑17】3-十八　扳

在获得了角上实地的同时，占据了双方根据地的要点。

【白18】2-十六　倒虎

让出角上的实地，厚实地整形。

【黑19】2-十七　打吃

因为是白棋脱先在先，所以就局部而言这是黑棋稍微有利的结果。从全局来看则是不相上下的两分。

【白20】3-十六　粘

被打吃后只能粘住。

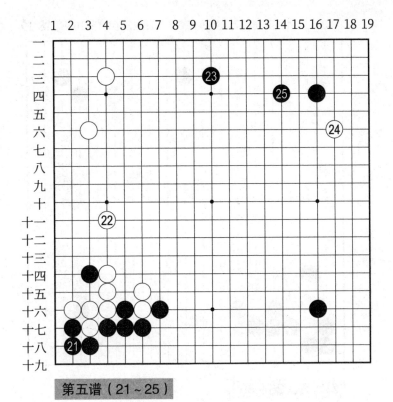

第五谱（21~25）

【黑21】2-十八　粘

这一个粘的价值比看上去要大得多。

【白22】4-十一　拆

由于左上有白棋，从配置上的均衡出发，高拆一手。（**定式39**）

【黑23】10-三　拆

左边白棋已经构成了模样。这是不能任其继续扩大的一手。

【白24】17-六　小飞挂角

不仅仅局限在左边，这边也要开疆拓土。

【黑25】14-四　跳

和上边的拆相配合的一手。

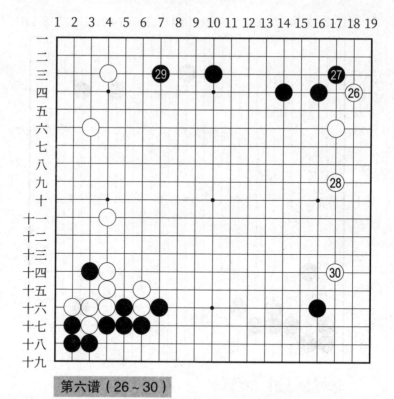

第六谱（26～30）

【白26】18-四　飞角

目的是让挂角的一子获得安定。

【黑27】17-三　尖

三三是实地的要点。

【白28】17-九　二间拆

还没有获得根据地。拆一手之后就不用担心被攻击了。

【黑29】7-三　二间拆

这是意识到左边白棋模样的一手。

占据到这一点，白棋的模样也就到此为止了。

【白30】17-十四　小飞挂角

再次开辟新天地。

对于挂角，如果总是一味地去应，那不是定式。学会了双飞燕的定式，布局的幅度就会拓宽。

直接点三三

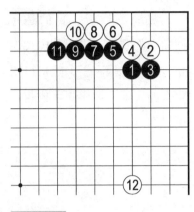

定式42　　　　　　　　　　图1

AI出现之后，白2一上来就点三三的手法越来越多地被采用。也就是所谓的"直接点三三"。对于黑3的挡，白4的爬是为了获取实地。黑5以下的下法虽然将白棋压在了低位，不过白棋也得到先手，可以在12位一带拆，限制黑棋的模样。

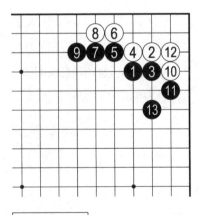

以前的定式　　　　　　　图2

过去的下法是白10、12扳粘，被视为是再正常不过的定式，然而，由于有了黑13的例虎，白棋强化黑棋的下法罪过极大，现在几乎没有人这么下了。

直接点三三

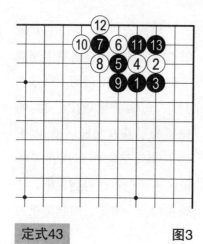

定式43   图3

黑5、7连扳，目的是夺回角上的实地。进行到白12为止，白棋吃掉一子，黑13得到角上的实地。白棋先手拔花，可以满足。

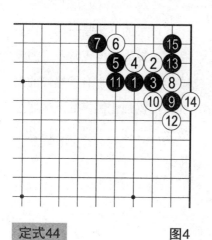

定式44   图4

也有白8、10扳断的手法。黑11冷静粘住，进行到黑15，形成和前图相似的棋形。这是白棋重视右边的下法。

直接点三三

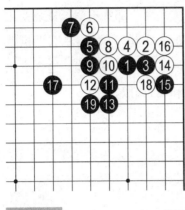

定式45　　　　　　　图5

黑5拉开距离飞一手，是最新的定式，变化复杂，十分难解。白6托，黑7挡，进入难解的领域。白8、10冲断，黑棋出现了两个断点。白12断的话，黑13长，白14、16的扳粘不能省略。黑17重视上边，白18断，黑19抱吃一子，这是黑棋形状厚实的下法。

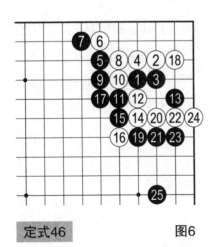

定式46　　　　　　　图6

白12是最难的一条路线。光是这里的变化就可以写一本书，其中详细的解说还是让给专门的著作去阐述吧，我们在这里仅举一例来说明。黑13尖，有弹力的一手。对于白14，黑15、17在防守的同时增加白棋的断点。白18守角，黑19切断弃掉黑三子。进行到黑25，是黑棋厚势和白棋实地的两分。

直接点三三

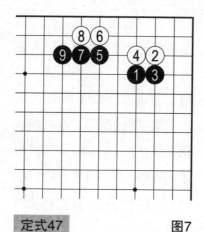

定式47　　　　　　　**图7**

对于那些不擅长复杂变化的人来说，黑7长，这手棋就回避了难解的路线。这个变化和**图1**相似。

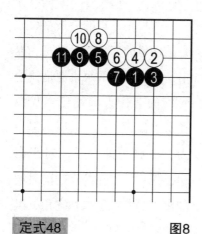

定式48　　　　　　　**图8**

白棋也有回避难解定式的下法，那就是白6可以顶住。黑9、11长，白12拆边，这也和**图1**的变化相似。

直接点三三

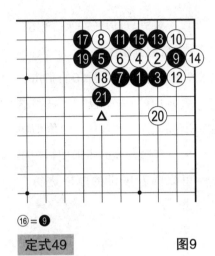

⑯ = ❾

定式49　　　　　　　图9

黑9、11是一种狙击手段。白12吃住一子，黑13滚包后在上面得以发展。白20得以在右边出头，进行到黑21告一段落。如果是征子不利的场合，黑21 就下在黑△的位置。

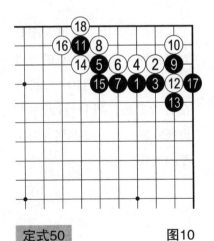

定式50　　　　　　图10

黑11也有连扳的下法。白12送吃一个子之后，白14、16可以吃掉黑棋一子。黑17也提掉白一子，在右边构成铁壁。

直接点三三

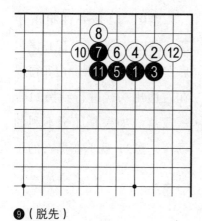

⑨（脱先）

定式51   图11

黑5也可以长一手。白6、8之后回到**图8**。

保留**图8～图10**的狙击，黑9也有脱先它投的下法。这个局面下，白10、12价值极大。右边漏风的棋形使得白棋可以瞄着黑棋的厚壁进行攻击。

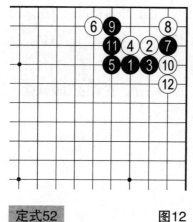

定式52   图12

白6飞的话，黑棋大多是脱先它投。今后，黑棋的狙击手段是黑7、9。白10、12得以在右边出头，黑9、11的厚壁也极有魅力，是双方都可以接受的变化。

直接点三三

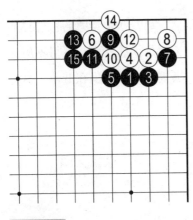

定式53   图13

白10、12如果去吃掉黑棋一子的话,进行到黑15,黑棋可以封锁住白棋。学会了这种狙击手段,在构思布局时就可以更加轻松自如。

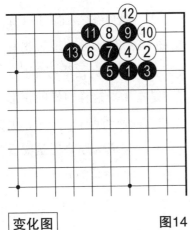

变化图   图14

白6跳,留出一个缝隙,感觉有点怪怪的。其实这也是一个漂亮的定式。不过,在黑13征子成立的场合,还是不要采用为好。

直接点三三

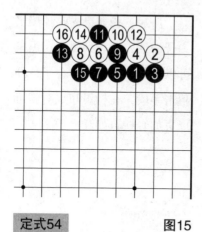

定式54　　　　　　　　图15

黑7、9定型之后，黑13的鼻顶是手筋。白14不得不应，黑棋将白棋压迫在低位。这也是一个定式。

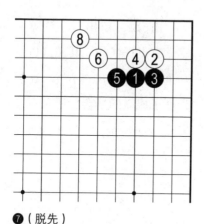

❼（脱先）

定式55　　　　　　　　图16

黑7这手棋，也可以保留图14、图15的味道脱先它投，比如引征。这个场合下，白8是本手。这样白棋的棋形就没有任何弱点了。今后，黑1、3、5是成为厚势还是变成弱棋，将是胜负的分水岭。

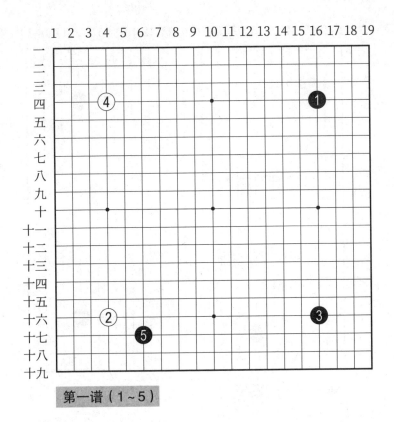

第一谱（1~5）

【黑1】16-四　右上角星位

AI出现之后，第一手下在星位的棋手多了起来。

【白2】4-十六　左下角星位

白棋的布局也是下在星位的越来越多。

【黑3】16-十六　右下角星位

印象中二连星的布局也是大幅度增加。应该是快速布局的特点得到了认

可。

【白4】4-四　左上角星位

白棋也是二连星。从现在的局面开始，双方互相直接点三三的棋越来越多。

【黑5】6-十七　小飞挂角

在直接点三三的手法被发明出来之前，对于星位的手段，90%以上是在

这里挂角。

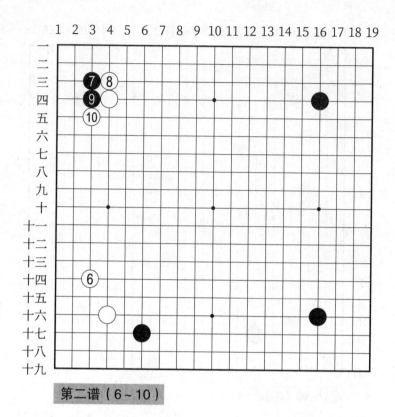

第二谱（6～10）

【白6】3-十四　小飞

首先是要加固自身避免被攻击。

【黑7】3-三　三三

下边单挂一手后，从全局来判断是先手便宜。于是脱先在这里点进去。

【白8】4-三　挡

很久以前，从希望成空的方向挡住是流行的下法。

但是，随着对复杂难解的三三定式的研究，现在发现从反方向挡住也是有力的局面。

【黑9】3-四　爬

这是和白8见合的场所。

【白10】3-五　扳

扳住二子头，将黑棋压在下面。

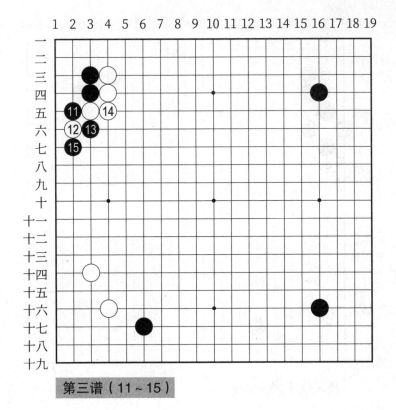

第三谱（11～15）

【黑11】2-五　扳

扩大角上黑棋的空间。

【白12】2-六　连扳

送吃一子获取角上实地的手法。

【黑13】3-六　断

活在角上过于憋屈。目的是进行转换。

【白14】4-五　粘

因为被打吃的是棋筋，必须粘住。

【黑15】2-七　打吃

要吃住白棋一子。

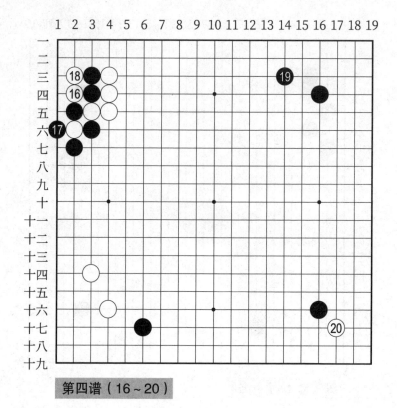

第四谱（16~20）

【白16】2-四　断

正是由于有这种狙击手段，白棋才使用了弃子的方法。

【黑17】1-六　提子

虽然是在边端的一子，拔花的威力还是很大的。

【白18】2-三　爬

吃住角上的黑棋二子获取实地。（**定式43**）

【黑19】14-三　小飞缔角

也含有削减左上白棋厚壁的意思。

【白20】17-十七　三三

围棋发展到现在，点三三的手法已经成为常识了。

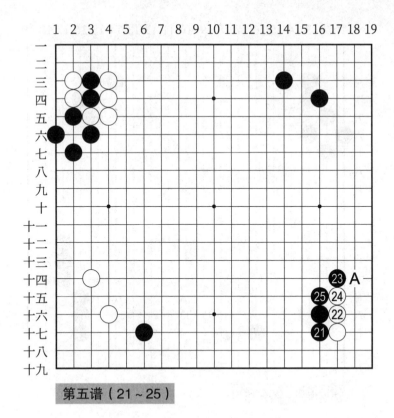

第五谱（21～25）

【黑21】16-十七　挡

这个场合下从哪边挡都可以。具体的方向要根据今后的作战方针来决定。

【白22】17-十六　爬

这个局面唯此一手。

【黑23】17-十四　小飞

这里错开一路的下法是希望将棋形走厚的技巧。

【白24】17-十五　顶

A位托的话，进入难解定式，顶一手是简明的下法，没有问题。

【黑25】16-十五　挡

不留毛病地封锁。

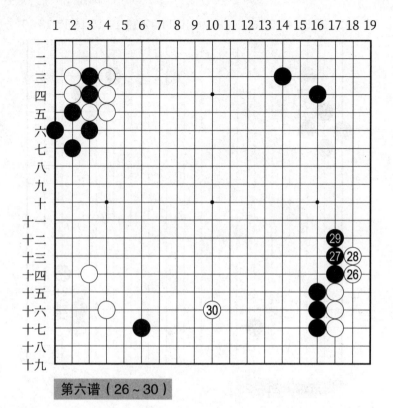

第六谱（26~30）

【白26】18-十四　扳

置之不理的话，白棋角上不活。扩大空间。

【黑27】17-十三　长

在右边到下边构成模样。

【白28】18-十三　爬

为了活透，这是必要的一手。

【黑29】17-十二　长

二子头。如果在右边一路扳下的话，残留着断点，得不偿失。（**定式48**）

【白30】10-十六　夹

一边侵消右下黑棋的厚势，一边对左下的黑棋展开攻击，绝好的一手。

对于直接点三三的手法，只要学会这些简明的变化，也就没有什么可怕

的了。

「小目」篇

一间高挂　托退

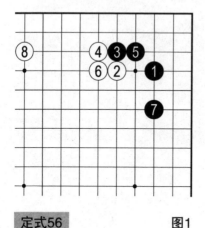

定式56　　　　　　　　图1

对于白2的一间高挂，黑3的托是出现最多的应手。目的就是确保角上的实地。

白4扳下是重视上边的下法。白6坚实地补住断点，黑7避免了白棋的封锁。白8拆的位置，根据局面也可以下在高一路。

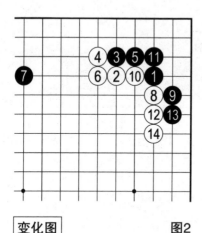

变化图　　　　　　　　图2

黑7如果夹击，白8的靠是严厉的一手。黑9之后的进行是黑棋不得不被压在低位。除非是在黑7的价值很高的场合下才会做出这样的选择。

一间高挂　托退

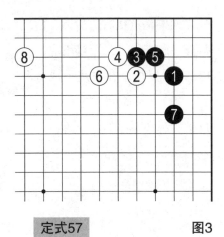

定式57　　　　　图3

白6也有虎一个的下法。黑7跳出，对上边的影响比**图1**要大，白8宽一路拆出。

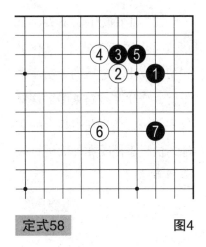

定式58　　　　　图4

也有白6这种缓和切断的严厉的下法。但是，在实地方面却有些松缓，可以在重视中央的布局时配套使用。

一间高挂　托退

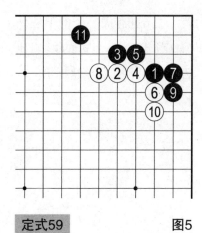

定式59　　　　　图5

如果是重视右边的话，白4可以顶一手。黑5不得不应，白6乘势扳住，在右边形成势力。黑7立下简明，进行到黑11是实利和厚势的两分。

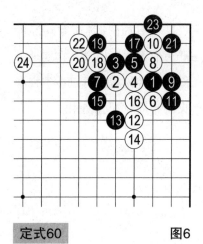

定式60　　　　　图6

黑7如果扳住二子头，就形成"**小雪崩定式**"。白8、10切断反击。之后的下法非常难解，变化和歧路繁多，这里仅举一例，黑棋获得角上的实地，白棋掌握了在外面进行战斗的主动权。

一间高挂　托退

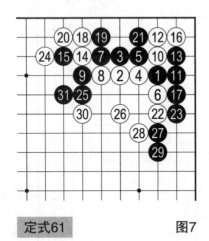

定式61　　　　　　图7

黑7也有长一手的下法。白8、黑9的话就成为"**大雪崩定式**"。这也是难解的定式，本图只是一例。战斗将连绵不绝地持续下去。

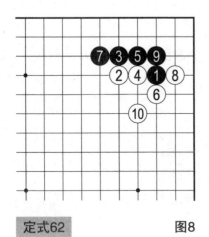

定式62　　　　　　图8

如果希望避开难解的变化，这里推荐白8、10的整形手法。这个定式不仅可以避免走不好大型定式导致损失，而且棋形和最初重视右边的方针也一致，没有任何不满。

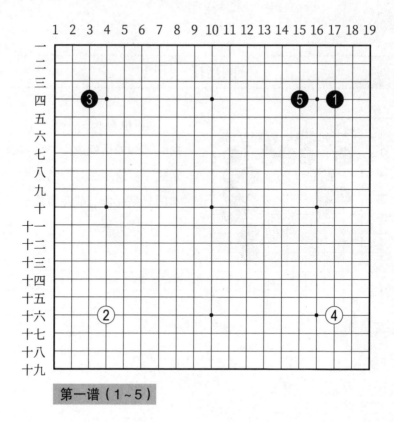

第一谱（1~5）

【黑1】17-四　右上角小目

小目定式和星位定式相比，不仅数量繁多，而且复杂难解的部分也特别多。

【白2】4-十六　左下角星位

避免错小目型布局。

【黑3】3-四　左上角小目

黑1、3是被称为向小目的布局，其特征是易于确保实地。

【白4】17-十六　右下角小目

即便记不住难解的定式，但是只要学会回避其变化的方法就可以了。

【黑5】15-四　一间缔角

和小飞缔角相比，上边是漏风的棋形。

但是，可以看出，取而代之的是增加了对中央和右边的影响力。

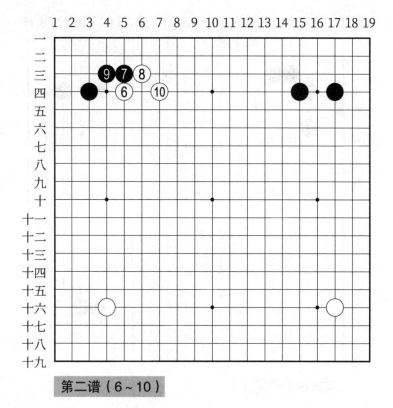

第二谱（6～10）

【白6】5-四　一间高挂

这是构筑外势时常用的挂角方式。

【黑7】5-三　托

确保角上的实地。

【白8】6-三　扳

重视上边的下法。

【黑9】4-三　退

黑棋同伴联络时紧要的一手。

【白10】7-四　虎

有效地防守住断点。

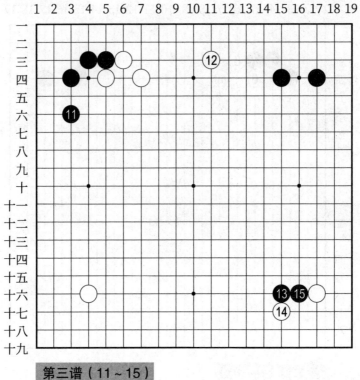

第三谱（11~15）

【黑11】3-六　跳

防止左上角的黑棋被封锁。

【白12】11-三　拆

让左上的白棋得以安定。

如果再拆大一些的话，一旦被黑棋打入，很难进行强有力的战争。（**定式57**）

【黑13】15-十六　一间高挂

对小目的挂角总是大场。

【白14】15-十七　托

针对一间高挂，这手棋占有很大的比例，是非常有人气的手法。

【黑15】16-十六　顶

重视右边的下法。

看上去像是恶筋，其实是漂亮的定式。

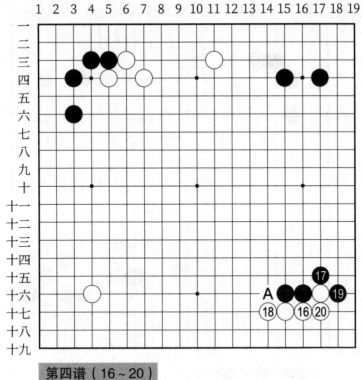

第四谱（16~20）

【白16】16-十七　挡

如果再被对方下到这里，棋子无法联络，棋形七零八落。

【黑17】17-十五　扳

这是变化极多且难解的雪崩定式。

【白18】14-十七　长

如果在高一路扳的话，就是"小雪崩定式"。

这手棋或许会将局面引入最难解的"大雪崩定式"的迷宫。

【黑19】18-十六　打吃

下在A位的变化难解，这里选择了简明的图形。

【白20】17-十七　粘

面对打吃只能粘住。

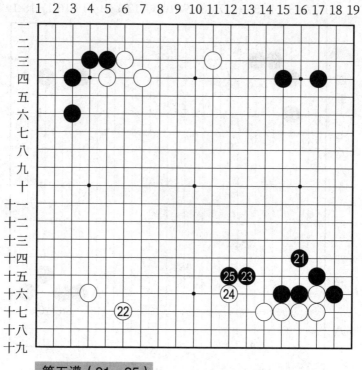

第五谱（21～25）

【黑21】16-十四　虎

让出了角上的实地，在右边营造出了势力。（**定式62**）

【白22】6-十七　小飞缔角

从角上到下边构成实地模样。

【黑23】13-十五　小飞

模样的接点。在扩展右边的同时，限制下边的白棋。

【白24】12-十六　小飞

右下的白棋还没有活。应一手的同时捞取实地。

【黑25】12-十五　压

到了这个地步再去打入下边似乎是得不偿失了。让对方得到一些实地也就在所不惜了。

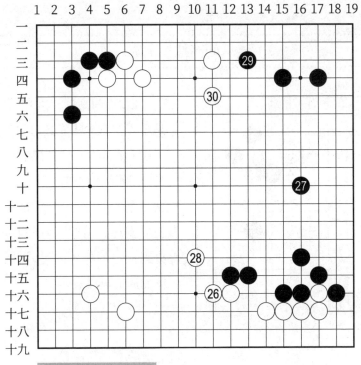

第六谱（26～30）

【白26】11-十六　长

坚实地应一手，确保实地。

【黑27】16-十　拆

为了发挥右下的厚味的拆出，构成了壮大的模样。

【白28】10-十四　小飞

这也是模样的接点。将这一点和黑棋进行置换一下，就可以看出它好在哪里了。

【黑29】13-三　拆逼

一边加强右上的黑棋，一边瞄着对上边白棋的打入。

【白30】11-五　跳

强化上边白棋的同时，限制右边黑棋的发展。

可以毫不夸张地说，如果你要下小目的话，就必须学会托退定式。

一间高挂　上靠

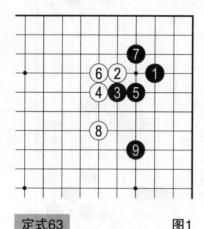

定式63　　　　　　　图1

白2一间高挂，黑3上靠，是希望在右边构成势力的常用手段。白4的扳是自然对应。黑5退制造出白棋的断点。白6粘是坚实的防守。黑7确保角上的实地，白8是为了构筑中央到上边的势力。黑9根据具体的局面可以省略。

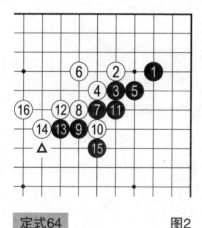

定式64　　　　　　　图2

白6的虎是常用手法。黑7、9连扳是为了争夺中央的制空权。如果不惧怕黑棋的切断，白16也可以在△处挺头长出。

一间高挂　上靠

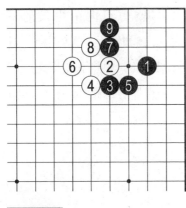

黑7、9确保角上的实地，是极大的一手。现在是否立即下，将左右整个局面的走向。

定式65　　　　图3

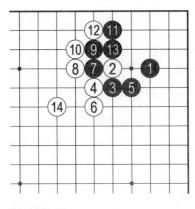

白6挺头长出是重视中央的一手。其方针是让黑7断，然后弃掉白2一子。进行到白14整形，角上的损失将在上边到中央弥补回来。

定式66　　　　图4

一间高挂　上靠

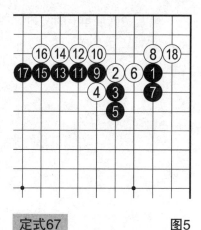

黑5也有向中央长的下法。白8如果扳，黑9则断。进行到白18，白棋获得实地，黑棋获得厚势的格局一目了然。

定式67　　　　图5

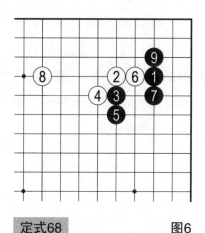

如果白棋不愿意下成前图，白8可以进行简单处理。虽然让黑9占据到角上的要点，但是白棋得到了先手，这是重视布局速度的下法。

定式68　　　　图6

一间高挂　上靠

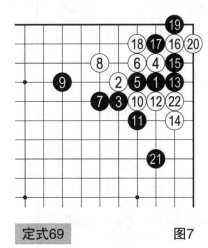

定式69　　　　图7

白4托的一手是重视实地的下法。黑5、7是最常见的应手。黑棋构筑外势。黑13以下是大型弃子，制造出先手便宜的各种借用，进行到白22告一段落。

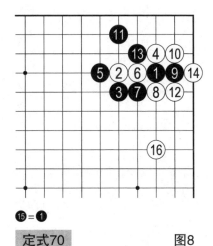

⑮=❶

定式70　　　　图8

黑5扳是重视上边的一手。白6、8切断的话，黑9长出多弃一子。进行到黑15，黑棋在上边形状厚实，白16拆边得到实地。

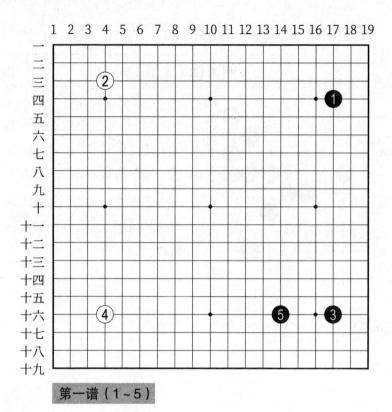

第一谱（1~5）

【黑1】17-四　右上角小目

实地派常用的小目。

【白2】4-三　左上角小目

白棋也用小目来对抗。

【黑3】17-十六　右下角小目

黑1、3是被称为**背小目**的布局，是笔者多年以来爱用的布局。

将力量放在右边，是容易获取实地的结构。

【白4】4-十六　左下角星位

如果要阻止对方背小目布局的话，那第二手就下在左下角吧。

【黑5】14-十六　二间缔角

这一手对中央和边上的影响力很大，是重视速度的缔角。不过，角上变得相对薄弱，多少有些问题。

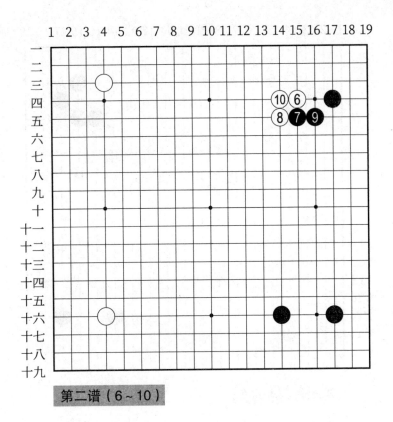

第二谱（6~10）

【白6】15-四 一间高挂

你守了一个角，我就要挂另外一个角。

【黑7】15-五 上靠

选择了重视右边的定式。

【白8】14-五 扳

重视上边朴素的一手。

【黑9】16-五 退

这也算是一种"托退"。不过，在下边托的手法最为常用，也就是真正的"托退定式"。

【白10】14-四 粘

坚实地补住断点。

133

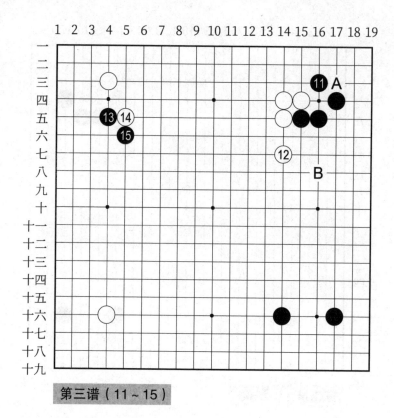

第三谱（11~15）

【黑11】16-三　尖

拿到实地的同时，夺取白棋的根据地。

如果不下在这里，白A是极大的一手。

【白12】14-七　跳

一边强化白棋自身，一边削减黑棋模样，同时进一步扩展上边，一石三鸟、生机勃勃的一手。（**定式63**）

【黑13】4-五　一间高挂

判断这手棋比B位应更大，所以先在这边行棋。

【白14】5-五　上靠

白棋也选择了上靠的定式。重视上边的一手。

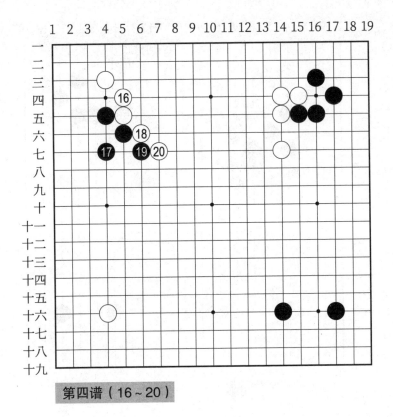

第四谱（16～20）

【白16】5-四　退

左边虽然让黑棋构筑了势力，反过来白棋的上边也丰厚起来了。

【黑17】4-七　虎

和粘住相比，虎一手是棋形更有弹性的补断手法。

【白18】6-六　扳

尽力扩展上边。

【黑19】6-七　扳

黑棋自然地应一手，左边成为好形。

【白20】7-七　连扳

虽然也可以选择在六线上横长一手，不过还是毫不犹豫地下在了这里。

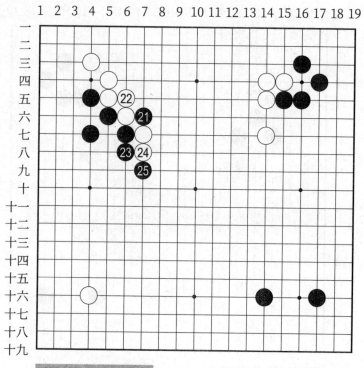

第五谱（21～25）

【黑21】7-六　断

两个断点，不能在反方向的白22位断。

【白22】6-五　粘

因为被打吃，粘住。

【黑23】6-八　长

这里是形的急所。如果被白棋打吃，黑将成为愚形。

【白24】7-八　压

继续扩大上边。

【黑25】7-九　扳

就像格言所说的那样，"二子头闭着眼睛也要扳上去"，是急所。

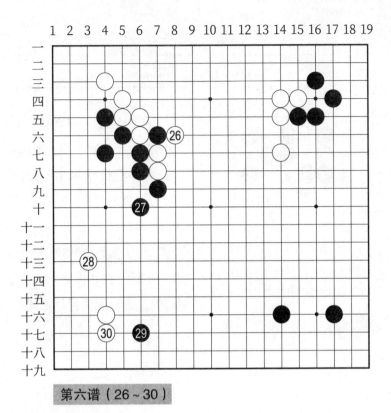

第六谱（26～30）

【白26】8-六　打吃

到了撤退防守的时候了。制住一子，在上边构成白棋的势力圈。

【黑27】6-十　虎

防止白棋切断的好形。（**定式64**）

【白28】3-十三　大飞缔角

消除黑棋左边的模样。如果更进一步的话，就会留下被打入的毛病。

【黑29】6-十七　小飞挂角

一局棋不只有上边。转战下边。

【白30】4-十七　玉柱

巩固角上，夺取黑棋的根据地。

上靠定式可以直接构筑模样。推荐给喜欢围大空的爱好者。

一间高挂　一间低夹

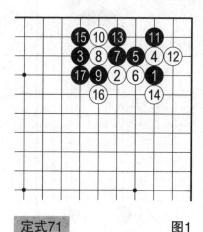

定式71　　　　　　　图1

对于白2的一间高挂，黑3一间低夹是重视上边的下法。

白4托是获取实地的要点。黑5扳出反击。白8是高等战术，将根据黑棋的应手来决定自己的态度。黑9断在上面反击的话，白10多弃一子后吃住黑1。进行到黑17是定式。

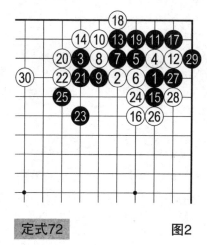

定式72　　　　　　　图2

征子有利的场合，白14可以逃出。黑21、白20、24打吃，成为征子。

反过来黑棋可以吃掉角上的二子。我们在这里展示到白30，战斗将不断地持续下去。

一间高挂 一间低夹

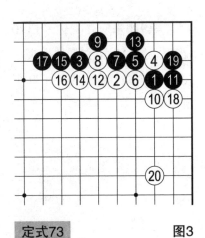

黑9打吃是简明的下法。白10打吃后白12粘住的话，黑13必须防守。进行到白20告一段落，是黑棋稍稍吃亏的变化。使用时一定要根据具体的局面，尽量少用。

定式73　　　图3

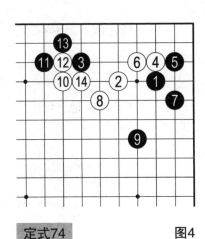

黑5扳，顽强且有追求的一手，是右边和上边都不肯放弃的下法。进行到白8，成为见合。黑9如果守住右边，白10开始对上边施压。

定式74　　　图4

一间高挂　一间低夹

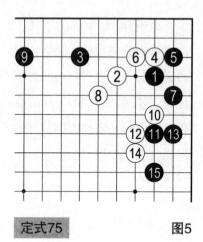

定式75　　　　　　　　图5

黑9如果应在上边，白10严厉。黑11以下在低位出头，进行到白14，白棋得到了厚实的棋形。

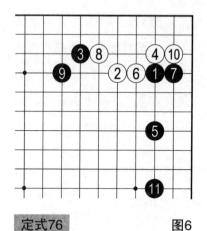

定式76　　　　　　　　图6

AI登场之前，黑5拆二的手法非常流行。白棋有各种应对方法，白6、8简明。在角上得到了不小的实地，可以满意。

一间高挂 一间低夹

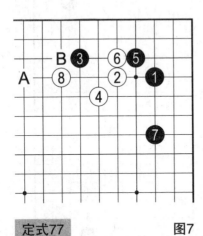

白4尖也是自然的下法。黑5、7是一般的应对，白8压迫黑棋。之后的变化要看棋子的配置，一般来说，大都会采用黑A、白B的弃子手法。

定式77　　　　　　　　**图7**

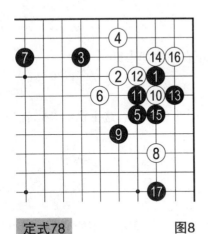

白4跳下阻渡的下法也常见。黑5应，白6之后，上边和右边见合。黑7应在上边的话，白8、10是狙击的手筋。白棋送吃一子之后进行到白16，得到了实地和根据地。

定式78　　　　　　　　**图8**

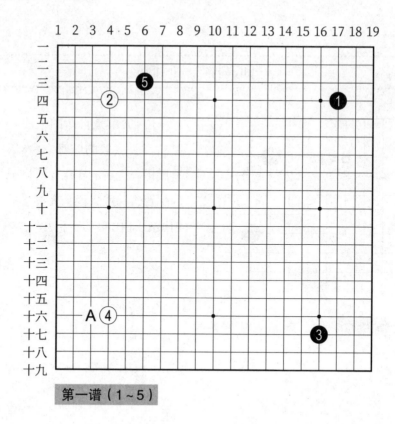

第一谱（1~5）

【黑1】17-四　右上角小目

正式比赛的第一手，90%以上都是下在星位和小目。

【白2】4-四　左上角星位

三个角的星位选择哪一个是有着不同的意思的。这手棋的意思就是为了防止黑棋向小目布局。

【黑3】16-十七　右下角小目

这就是著名的"秀策流"的配置。

如果这时白棋在右上挂角的话，A位的小目是秀策爱用的下法。

【白4】4-十六　左下角星位

也有去挂小目的棋，现在大多是相互在空小飞角上落子。

【黑5】6-三　小飞挂角

第五手棋大都是缔角或挂角。

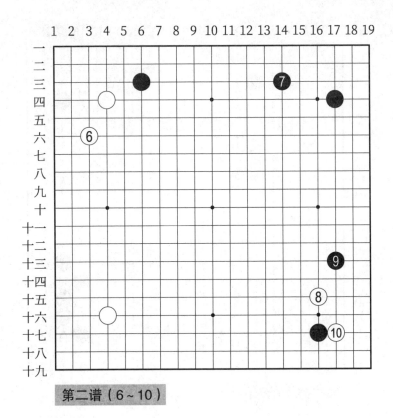

第二谱（6～10）

【白6】3-六　小飞

这是最正统的应对方法。

【黑7】14-三　大飞缔角

在向左上挂角的一子送去援军的同时，也兼顾角上，是很有追求的一手。

【白8】16-十五　一间高挂

不能允许第二个小目也被黑棋缔角。

【黑9】17-十三　一间低夹

这是重视右边的夹击。

【白10】17-十七　托

阻止黑棋渡过。三三也是实地的要点。

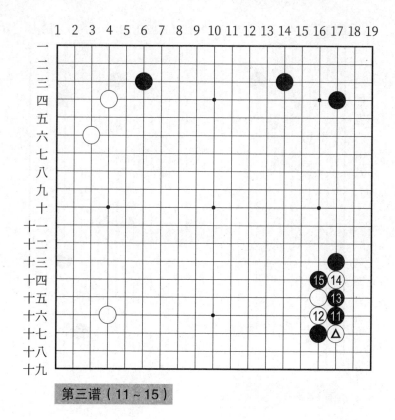

第三谱（11～15）

【黑11】17-十六　扳出

分断白棋进行战斗。

【白12】16-十六　断

分断黑棋，仅此一手。如果这里让黑棋占据，△一子颜色顿失。

【黑13】17-十五　爬

将最弱的棋子（黑9）和黑11一子联络在一起。

【白14】17-十四　挖

给黑棋的联络制造出弱点。

【黑15】16-十四　断

断下后准备吃掉。从下面打吃则是平稳老实的下法。

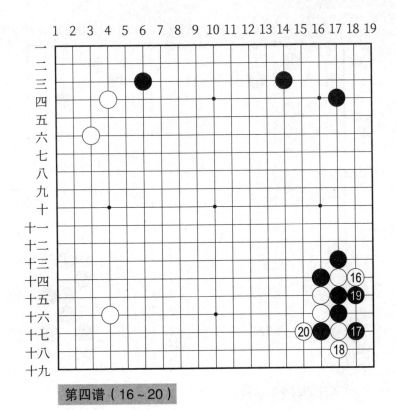

第四谱（16~20）

【白16】18-十四　立

反正是被吃掉，像这样多弃一子的话，增加了今后先手借用的便宜。

【黑17】18-十七　打吃

目的是救助黑棋二子。

【白18】17-十八　立

不能允许被拔花。

【黑19】18-十五　挡

在救助黑棋的同时，紧住白棋二子的气。

【白20】15-十七　打吃

弃掉右边的二子，在这边收获一子。

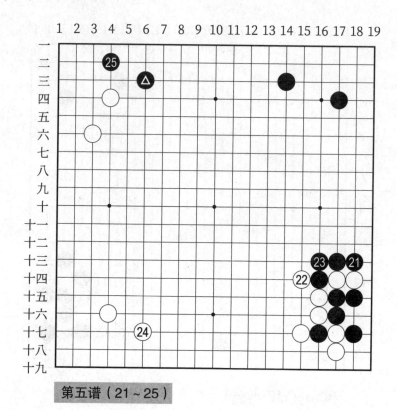

第五谱（21～25）

【黑21】18-十三　打吃

黑棋也在这边吃住二子，形成转换。

【白22】15-十四　打吃

打吃是白棋的权利，不用保留。

【黑23】16-十三　粘

这个打吃必须粘住。

至此是对右边给予重视的一间低夹的定式。（**定式71**）

【白24】6-十七　小飞缔角

守住左下角，大场。

【黑25】4-二　飞角

削减白棋角上实地的同时，安定●一子，是极大的一手。

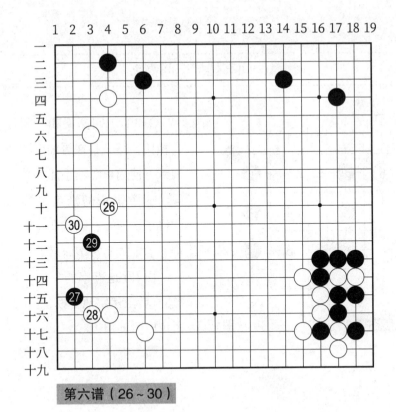

第六谱（26~30）

【白26】4-十　拆

保留角上的应对方法，在左边展开。

【黑27】2-十五　二五侵分

这一手的目的就是，根据对方的应对，或进入左边，或掏掉角上的实
地。

【白28】3-十六　玉柱

守护住角上的实地，将黑棋赶出进行攻击。

【黑29】3-十二　大飞

进入边上图谋就地活棋。

【白30】2-十一　小飞

防止进一步侵入左上，缩小黑棋的眼位。

一间低夹的定式变化极多，使用时需要格外注意。

147

一间高挂　二间高夹

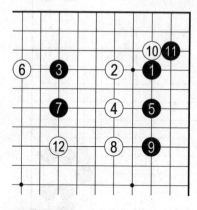

定式79　　　图1

黑3的二间高夹和一间低夹相比，是一种在更加广阔的视野下使用棋盘的手法。

这个手法的别名被称为"村正妖刀"，因其变化繁杂难解的定式非常多而著名。

白4跳是直率的一手。被黑5应后虽然实地受损，白6夹击可以弥补损失。

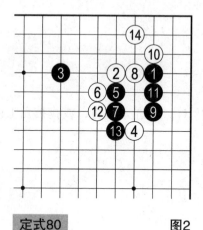

定式80　　　图2

对这个战斗没有自信的话，就不要选择黑3的夹击。

白4大飞是变化多端的一手。黑5分断白棋。白6、8、10，以白4为诱饵获取角上的实地。进行到白14告一段落，是黑棋右边对抗白棋角上实地的变化。

一间高挂　二间高夹

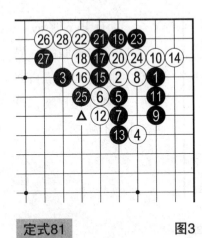

定式81　　　　图3

白14的立是很拼的一手。对于黑15的断，白16凶狠，意在吃棋。白28之后，围绕着黑△的打吃征子展开进一步的攻防。

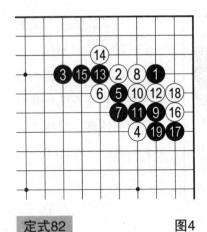

定式82　　　　图4

白10、12毫不客气地直接出动，其目的是获取角上的实地，是很早就有的手法。结果是让黑棋在外面厚壮无比，一直以来这样下的人不多。但是AI对角上的实地评价不低，愿意持白的棋手也越来越多。

一间高挂 二间高夹

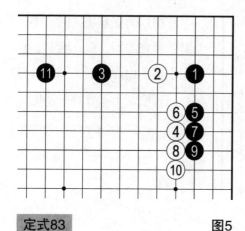

也有黑5跳的一手。白6取得联络，黑棋得到先手可以黑11回防。白棋也很厚实，没有什么不满。

定式83 图5

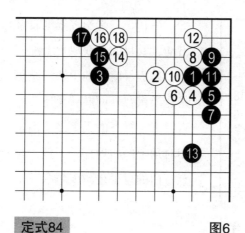

白4靠是进入难解定式的一手。不过，黑5扳是简明的对策。白棋将黑棋压在低位且自身得到治理，黑棋走到了两边也可以满足。

定式84 图6

一间高挂　二间高夹

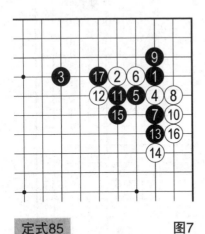

定式85　　　　　　　图7

黑5扳出的话就是开始战斗了。途中白14是手筋，右边得到好形。黑17看上去虽然是吃住了上边，不过味道相当恶，给白棋留下许多先手借用的便宜——实际上，总体而言是不分上下的好胜负。

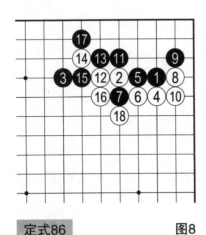

定式86　　　　　　　图8

黑5、7的切断虽然是俗手恶筋，但也是成立的一手。白8也有其他的应手，这里采取简明的下法。黑11渡过，白14送吃一子后可以在这边吃掉黑棋一子。

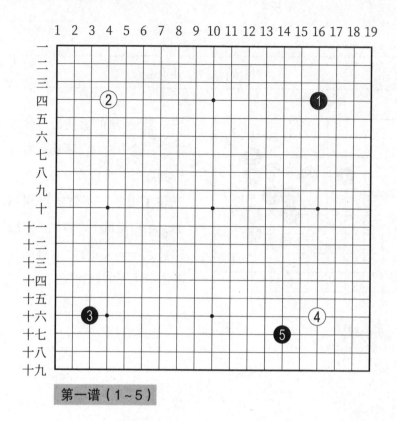

第一谱（1~5）

【黑1】16-四　右上角星位

伴随着AI的进化，没有人会判定这手棋是恶手了吧。

【白2】4-四　左上角星位

产生了黑棋选择下对角型还是平行型布局的权利。

【黑3】3-十六　左下角小目

对角型布局。印象中这样的布局很难构成模样棋，更容易成为细分化的局面。

【白4】16-十六　右下角星位

占据剩下的空角。

【黑5】14-十七　小飞挂角

省略左下角的缔角，快速展开。

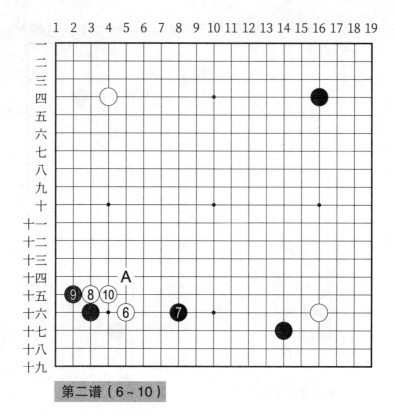

第二谱（6~10）

【白6】5-十六　一间高挂

也有在右下应对一手的下法，挂角是更加积极的态度。

【黑7】8-十六　二间高夹

夹击是为了发挥右下挂角一子的作用。在下边投入兵力。

【白8】3-十五　外靠

目的是对左下的黑棋施压。也有A位跳出进行战斗的下法，不过，这样一来右下的黑棋就会发生作用。

【黑9】2-十五　扳

"靠要扳"，自然的一手。

【白10】4-十五　退

与挂角的一子取得联络。

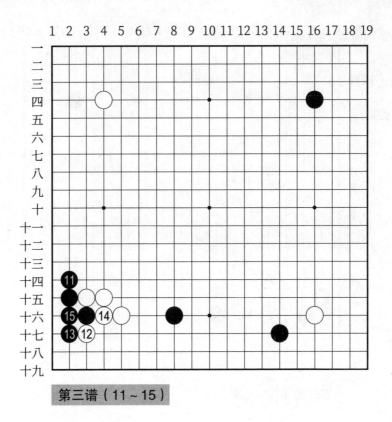

第三谱（11～15）

【黑11】2-十四　长

尽管是低位，也要在左边出头。

【白12】3-十七　托

瞄着黑棋一子，有先手便宜的借用。

【黑13】2-十七　扳

救助黑一子。

【白14】4-十六　打吃

不必要的打吃需要保留，这里打吃是有效的先手便宜。

【黑15】2-十六　粘

因为被打吃，没有别的着。

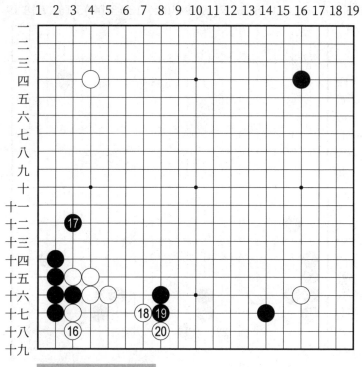

第四谱（16～20）

【白16】3-十八　立

不仅实地很大，也夺取了黑棋的眼位。

【黑17】3-十二　小飞

由于角上已经做不出眼，在边上出头。

【白18】7-十七　小飞

白棋还没有活棋。寻求根据地。

【黑19】8-十七　挡

坚实地阻挡住黑棋对下边的侵入。

【白20】8-十八　扳

白棋的棋形还不安定，需要花费一手补棋。

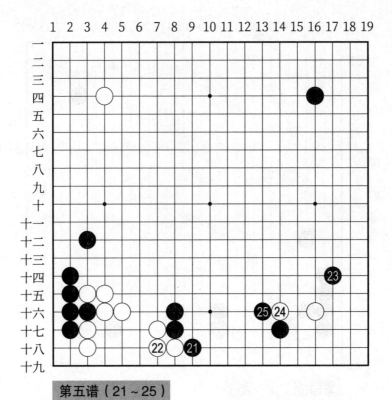

第五谱（21~25）

【黑21】9-十八　挡

瞄着断吃的一手。

【白22】7-十八　粘

是配合上一手的组合拳。不走的话，白棋一子将被吃掉。（**定式84**）

【黑23】17-十四　双飞燕

左下告一段落。转向开辟新天地。

【白24】14-十六　靠压

经过判断得出结论，不在乎黑棋下边得到进一步的加强，于是在这边靠压。

【黑25】13-十六　扳

黑棋必须出动，不能让白棋压缩在下面。

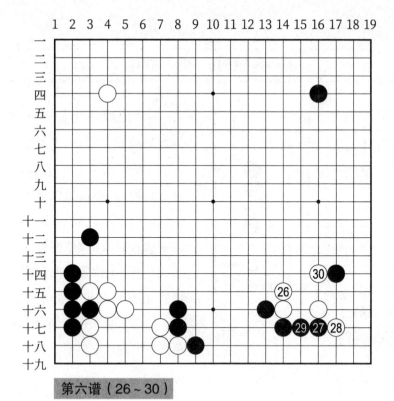

第六谱（26～30）

【白26】14-十五　长

防止封锁，向中央出头。

【黑27】16-十七　托

也可以选择左边一路的长和右边一路的点三三。

【白28】17-十七　挡

不让黑棋继续侵入角上。

【黑29】15-十七　棒接

黑棋同伴坚实地联络在一起。

【白30】16-十四　靠压

这是重视右边的腾挪手法。如果是重视角上，那就可以粘住。

从实地的角度出发，二间高夹定式虽然有些松缓，不过，对于那些喜欢战斗和厚味的爱好者来说是合适的。

小飞挂角 尖·小飞

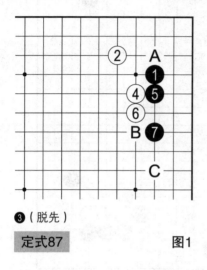

3（脱先）

定式87   图1

对白2的小飞挂角，黑棋如果脱先，白4的飞罩是好点，这是AI出现之后的共识。进行到黑7，不仅黑棋被压在低位，白棋还有A位获取实利的手法，以及B位增强势力的手段，甚至C位紧逼的狙击。尽管根据局面也不是不可以下，但是多数人还是倾向于避免黑棋出现这个棋形。

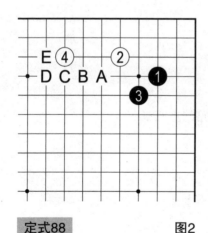

定式88   图2

黑3尖，是拒绝下成**图1**中白4的漂亮的一手。这手棋被称为**"秀策的小尖"**，从江户时代起就评价这是非常出色的手法。白棋如果继续在上边行棋的话，白4的拆二是普通的下法。根据具体的局面，也可以采用A～E的下法。

小飞挂角　尖·小飞

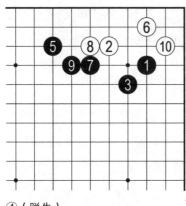

④（脱先）

定式89　　　　　　　图3

白4如果脱先它投，黑5的夹就成为大场。白6潜入角上，黑7封锁，外面得到厚势。

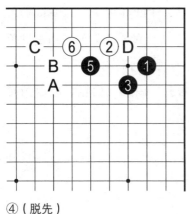

④（脱先）

定式90　　　　　　　图4

黑5飞罩，是从上边施压的一手。白6跳，轻快处理，形状灵活。之后黑棋瞄着A～D的狙击进一步展开。A是扩展右边的手法，B是进一步施压的手筋，C是从上边逼迫的手段，D是获取实地的着手。

小飞挂角 尖·小飞

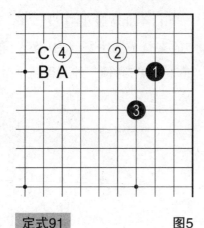

定式91   图5

黑3的小飞和尖相比，是在右边快速展开的一手。反过来对上边的影响就稍微弱了一些。

白棋如果在上边拆的话，白4的拆二是最坚实的一手。根据具体的局面，也可以在A～C三点之中进行选择。

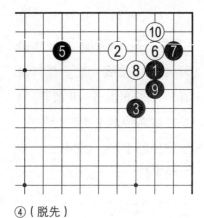

④（脱先）

定式92   图6

白4如果脱先，黑5的夹击是极大的一手。假若白棋进角的话，白6、8不失为一策。黑9退，白10，白棋可以得到安定。

小飞挂角　尖·小飞

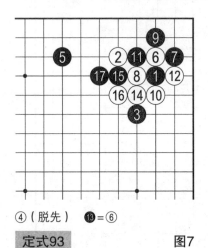

④（脱先）　⑬=⑥

定式93　　　　　　　　　　　图7

黑9如果打吃，白10反打。进行到黑17，黑棋得到上边，白棋在右边构筑势力。

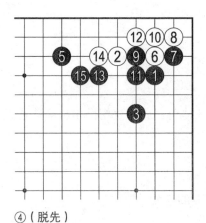

④（脱先）

定式94　　　　　　图8

白棋如果不喜欢前图，白8可以潜入角上。尽管是在低位，进行到白12可以活透。黑15将白棋封锁也可以满意。

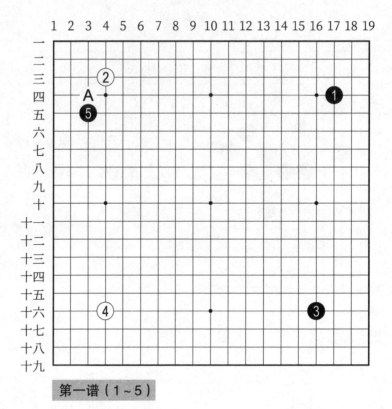

第一谱（1~5）

【黑1】17-四　右上角小目

小目是实地派喜欢的下法。

【白2】4-三　左上角小目

A位的小目很少有人下，因为一旦被挂角，局面就变得相对忙乱紧张，很多人不喜欢。

【黑3】16-十六　右下角星位

星位和小目的组合也受到很多爱好者的喜爱。

【白4】4-十六　左下角星位

白棋也下星位。

【黑5】3-五　小飞挂角

和一间高挂相比，小飞挂角的特征是注重实地。

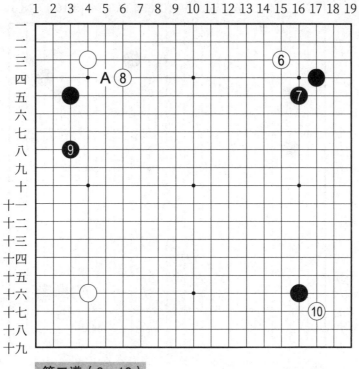

第二谱（6~10）

【白6】15-三 小飞挂角

白棋还以颜色，也来一个小飞挂角。

【黑7】16-五 尖

确保右边的价值。

【白8】6-四 小飞

和A位的尖相比速度较快。

【黑9】3-八 二间拆

从黑5一子拆开，坚实地就地生根。（**定式91**）

【白10】17-十七 三三

避开难解的变化，直接点星位的三三是易于掌握的一手。

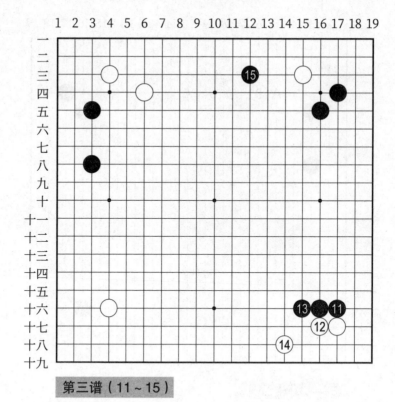

第三谱（11～15）

【黑11】17-十六　挡

挡在这里是重视右边的一手。

【白12】16-十七　爬

和上一手的挡是见合的地方。

【黑13】15-十六　长

意在抢到先手。

【白14】14-十八　小飞

扩大角上的空间活棋。（定式52）

【黑15】12-三　夹

攻击右上白棋的同时，进入上边发展。

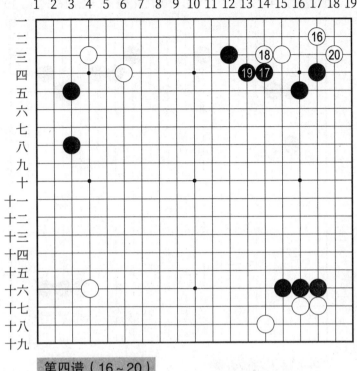

第四谱（16～20）

【白16】17-二　飞角

进入角上图谋活棋。也有在17位尖出的下法。

【黑17】14-四　飞罩

封锁住白棋，逼迫马上活棋。

【白18】14-三　爬

尽可能活得大一些。

【黑19】13-四　退

坚实联络，不留下毛病。

【白20】18-三　尖

活棋的同时制造出右边漏风的形状。（定式89）

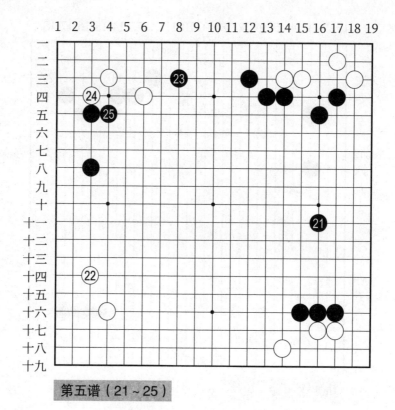

第五谱（21~25）

【黑21】16-十一　拆

发挥黑棋右上和右下的厚味，在右边形成模样。

【白22】3-十四　小飞缔角

左下角是大场。

【黑23】8-三　拆逼

这里是左上角白棋小飞应后留下的弱点。

【白24】3-四　尖顶

获取角上的实地，防止被攻击。

【黑25】4-五　长

形的急所。一旦这里被白棋扳住，黑棋将被弱化。

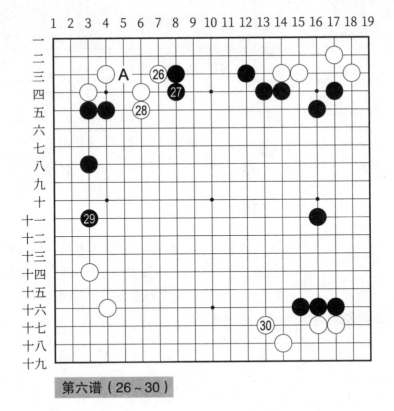

第六谱（26～30）

【白26】7–三　尖顶

防止A位的跨断。

【黑27】8–四　长

上边到右边的模样呈现立体化。

【白28】6–五　并

避免封锁，向中央出头。

【黑29】3–十一　二间拆

左上黑棋变弱，拆二防守。

【白30】13–十七　尖

这手棋不仅强化了右下的白棋，还在下边构成势力圈，同时瞄着右边的
黑棋。

对于小飞挂角，尖和小飞的应对，是变化不多易于掌握的手法。

小飞挂角　尖顶

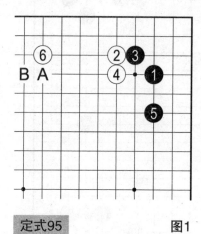

定式95　　图1

对于白2的小飞挂角，黑3的尖顶是近年来使用很多的手法。白4长必然，黑5跳，坚实地守住角上的实地。白6或者A、B等拆开告一段落。以前认为立二拆三是好形，现在的评价是大致上平分秋色。这个定式变化不多，简明易懂。

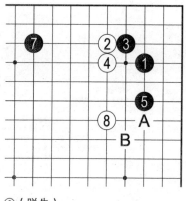

⑥（脱先）

定式96　　图2

白6也有脱先它投的下法。这个场合下黑7夹击是极大的一手。白8逃出，接下来有A位的靠和B位的封锁等手段。

小飞挂角 尖顶

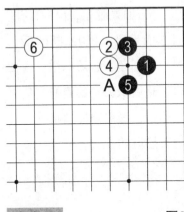

定式97

图3

根据右边的状况，黑5也有尖一手的下法。白6虽然和**图1**一样可以在上边拆一手，但是留下了一个将来被黑棋A位压的好点。

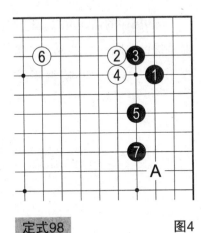

定式98

图4

黑5也可以飞。白6之后，黑7或A位补棋是本手。根据右边配置的均衡，偶尔也有这样的下法。

小飞挂角　尖顶

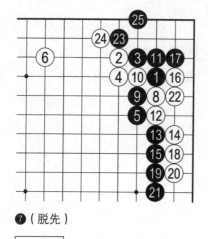

❼（脱先）

变化图　　　　　图5

黑7如果脱先，白8有跨断狙击的手段。黑9遮断的话，对白10，黑11必须粘住。白12以下施展拳脚，后面的变化复杂难解，根据周围的状况，是令人恐惧的下法。

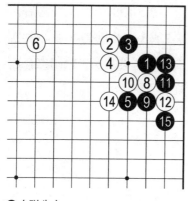

❼（脱先）

变化图　　　　　图6

黑9挡住的话，可以渡过。但是被白12断一手之后，白14先手当头一棒，心情很不舒服。

小飞挂角 尖顶

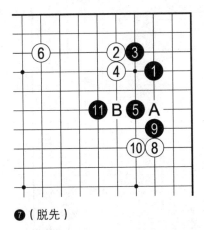

⑦（脱先）

变化图   图7

另外，还留下了白8拆逼的弱点。黑9在A位防守虽然是本手，但是和**图**1相比效率上就稍微差了一些。黑9之后在11位或B位补棋是普通的下法，白棋在右边构成了势力圈。可以说黑5的小飞是各有利弊的下法。

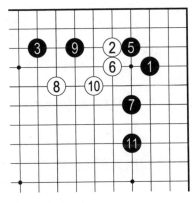

④（脱先）

变化图   图8

这个定式是在黑3夹击后白棋脱先的时候使用。黑5、7夺取白棋的根据地。黑9、11在两边得到实地的同时，还对白棋展开攻击，是黑棋满意的变化。

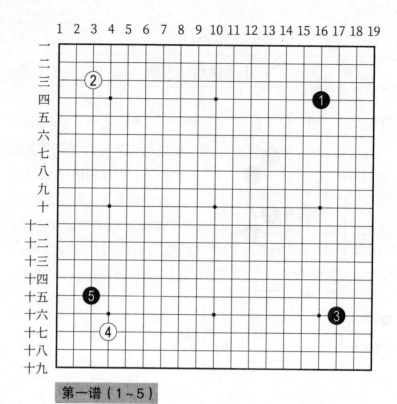

第一谱（1~5）

【黑1】16-四　右上角星位

重视速度和势力的一手。

【白2】3-三　左上角三三

三三虽然缺乏发展性，不过一手棋就可以在角上得到确定的实地。

【黑3】17-十六　右下角小目

和白棋相比，很少见到黑棋下三三。可能是因为那样棋局就很容易变得平稳缓慢吧。

【白4】4-十七　左下角小目

白棋重视实地的布局。

【黑5】3-十五　小飞挂角

对小目挂角是最有压力的一手。

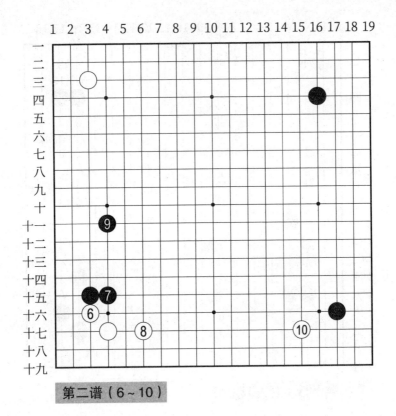

第二谱（6～10）

【白6】3-十六　尖顶

获取角上确定实地的定式。也有争抢先手的意图。

【黑7】4-十五　长

如果让白棋下在这里，黑棋将失去活力。

【白8】6-十七　跳

避免被封锁在角上，坚实的应手。

【黑9】4-十一　拆

左一路三线的话，更有安定感，这手棋更加注重将来的发展性。（定式95）

【白10】15-十七　小飞挂角

对小目的挂角什么时候都是大场。

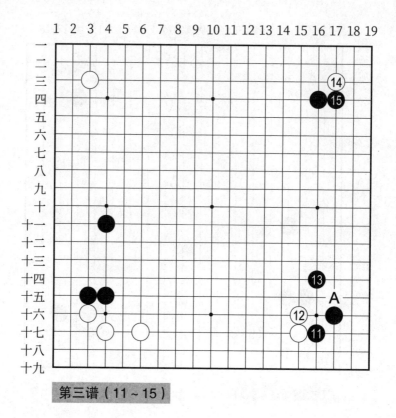

第三谱（11～15）

【黑11】16-十七　尖顶

将白棋赶往左下坚固的方向。

【白12】15-十六　长

和黑7一样，是绝对的一手。

【黑13】16-十四　小飞

与右一路跳一手相比，更希望发展右边的下法。反过来也产生了A位的弱点。（**定式98**）

【白14】17-三　三三

也有在下边拆的下法，这里是积极地捞取实地的一手。

【黑15】17-四　挡

重视右边。

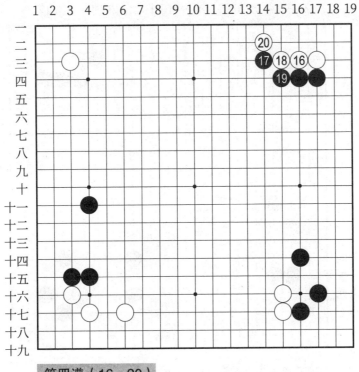

第四谱（16～20）

【白16】16-三　爬

在很早的阶段白棋就得到了三个角。

【黑17】14-三　小飞

选择了一个有可能是难解的定式。

【白18】15-三　顶

如果下在白20就进入了超难解的迷宫。

【黑19】15-四　挡

必须封锁住白棋。

【白20】14-二　扳

如果让黑棋下在这里，白棋角上的眼形就有问题了。

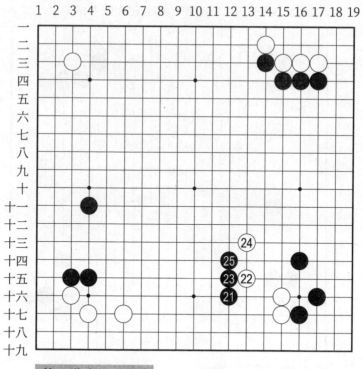

第五谱（21~25）

【黑21】12-十六　夹

右下是白棋脱先的地方。毫不留情地给予追究。

【白22】13-十五　小飞

避免被封锁的出头。

【黑23】12-十五　压

这种双方都是弱棋的接点，往往都是好点。

【白24】13-十三　跳

轻快出头。

【黑25】12-十四　长

预防白棋在同一个地方虎起来。（定式51）

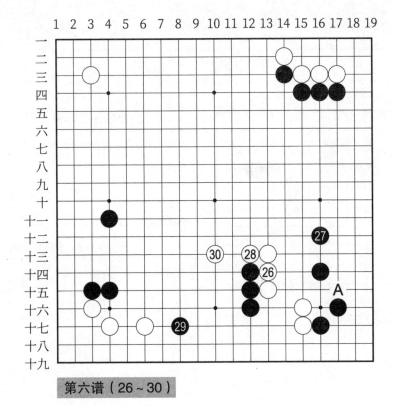

第六谱（26~30）

【白26】13-十四　粘

坚实地守住断点。

【黑27】16-十二　跳

好形，防止住A位的跨断。

【白28】12-十三　拐

在强化右下白棋自身的同时，对下边的黑棋施压。

【黑29】8-十七　拆

让下边的黑棋得到安定。

【白30】10-十三　跳

有意图的一手，右下的白棋已经安全。所以可以瞄着打入下边的黑棋进行狙击。

尖顶定式简单明了。推荐给那些避开战斗、喜欢捞取实地的爱好者。

小飞挂角　一间低夹

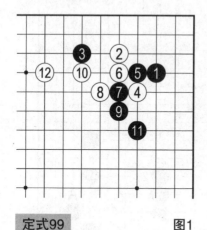

定式99　　　　　　　　图1

对白2的小飞挂角，从上边最严厉的攻击就是黑3的一间低夹。

对于白4的飞罩，黑5、7冲断进行战斗。白棋弃掉白4一子，进行到白12，白棋得到好形。

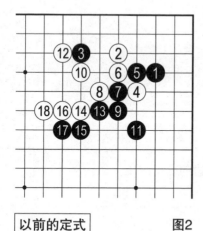

以前的定式　　　　　　图2

本图的白12是以前的主流下法，由于黑13拐的一手过于严厉，所以就被淘汰了。前图白12的棋形，对黑13的拐就可以脱先了。

小飞挂角 一间低夹

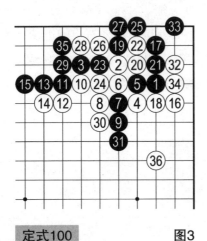

定式100

图3

黑11也有在上边顽强抵抗的下法。不过,顽强也带来反作用,那就是白16的跳下。黑19在上边渡过,图中黑33是手筋,如果在34位冲的话,黑棋将被吃掉。进行到白36,战斗将继续进行下去。

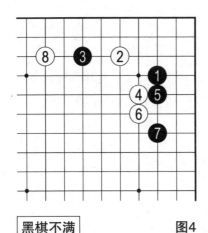

黑棋不满

图4

黑5爬是避战的一手,和黑3的意图不符。白棋得到加强后,白8夹击,黑棋的一方成为弱棋。除非是极其特殊情况,否则不要下出这个变化。

小飞挂角　一间低夹

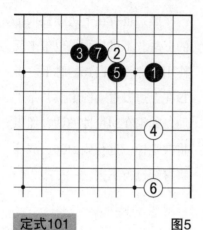

定式101　　　图5

　　白4是重视右边的下法。黑5、7制住一子，白棋吃亏，只有当白6的价值很高的时候才这样下。

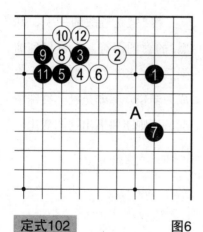

定式102　　　图6

　　白4、6出头是坚实的下法。黑7守住右边，白8吃住一子得到安定。黑7如果黑9虎，白A可以压迫角上的黑棋。

小飞挂角　一间低夹

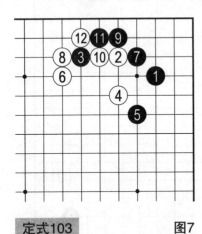

定式103　　图7

最本分的一手是白4的跳。白6飞罩压迫上边的黑棋。黑7如果守角，白8控制住上边，是实地和厚势的两分。

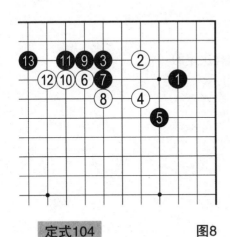

定式104　　图8

黑7从上边出动也是定式。进行到白12白棋获得厚势，将在今后的战斗中发挥作用。

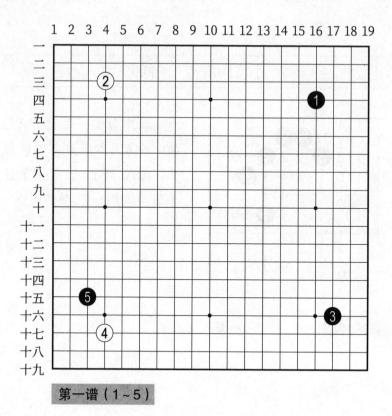

第一谱（1~5）

【黑1】16-四　右上角星位

"布局就下星位"，有的棋士是这样决定的。

【白2】4-三　左上角小目

空角只要下在三线以上，都没有问题。

【黑3】17-十六　右下角小目

平行型布局。

【白4】4-十七　左下角小目

白棋是向小目布局。

【黑5】3-十五　小飞挂角

逼迫小目一子，是最重视实地的挂角。

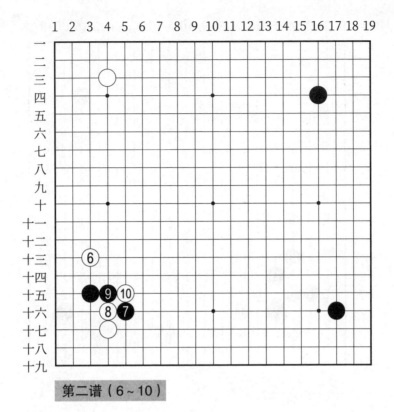

第二谱（6~10）

【白6】3-十三　一间低夹

对黑棋严厉地逼迫，催促其动作起来。

【黑7】5-十六　飞罩

对于挂角这种应法最为多见。

现在，无论什么样的挂角，这种飞罩都被认为是出色的一手。

【白8】4-十六　冲

为了分断黑棋的一手。

【黑9】4-十五　挡

即便被切断，也是唯此一手。

【白10】5-十五　断

是和冲的一手的配套组合，冲断。

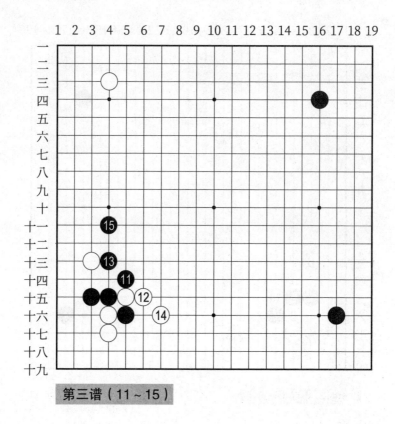

第三谱（11～15）

【黑11】5-十四　打吃

因为左边的二子是更大的一方，所以从这边给予援助。

【白12】6-十五　长

打吃必须长，别无选择。

【黑13】4-十三　虎

牺牲黑7一子，在左边构成了好形。

【白14】7-十六　尖

吃住还有活力的黑棋。

【黑15】4-十一　跳

这边的棋子一旦出动也非常难受。花费一手补棋防守。（**定式99**）

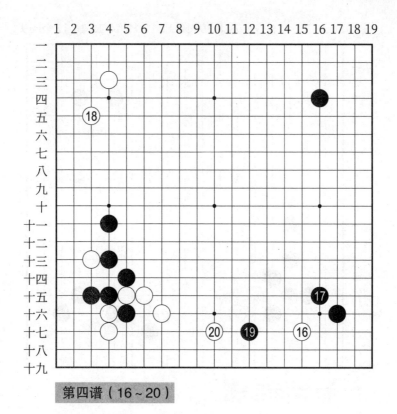

第四谱（16~20）

【白16】15-十七 小飞挂角

以左下的白棋势力为背景，这手挂角极大。

【黑17】16-十五 尖

如果被白棋在同一个位置飞罩过来，下边的白棋模样就会膨胀起来。

【白18】3-五 小飞缔角

在确保左上的同时，牵制左边的黑棋。

【黑19】12-十七 夹

攻击左下的白棋。

【白20】10-十七 拆逼

这手棋一边扩大左下的白棋，一边逼迫黑棋。右下的白棋还有活动的余地。

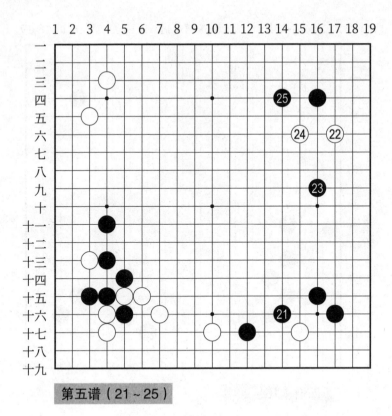

第五谱（21～25）

【黑21】14-十六　飞罩

封锁右下的白棋。不过还没有彻底吃住。

【白22】17-六　小飞挂角

右下暂且不急，将来寻机出动，先行占据大场。

【黑23】16-九　二间高夹

希望配合右下黑棋势力进行夹击。

【白24】15-六　跳

虽然也可以点三三，但是，不希望黑棋构成大模样。

【黑25】14-四　跳

补强角上的黑棋，是自然的一手。

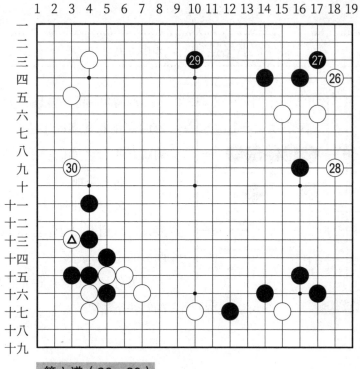

第六谱（26～30）

【白26】18-四　飞角

寻求获得根据地的一手。

【黑27】17-三　尖

实地和根据地的要点。

【白28】18-九　飞角

尽管是二线，事关白棋的眼位，重要的一手。（定式25）

【黑29】10-三　拆

消除了右上漏风的毛病，大场。

【白30】3-九　拆逼

瞄着△的出动。

一间低夹是严厉的夹击手段，令人意外的是变化却比较少。一旦掌握好，不失为有力的战法。

187

小飞挂角 一间高夹

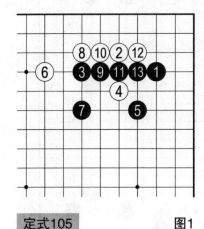

定式105 　　　　图1

黑3的一间高夹是一种难解的变化非常多的手法。白4的跳是本分老实的一手。黑5在右边获取实地。

白6反夹挽回损失。白8托渡，进行到黑13是厚势和实地两分的定式。

另外，白6也有脱先它投的轻快下法。

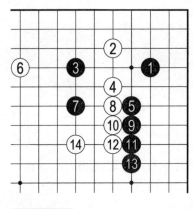

定式106 　　　　图2

过去，白8、10、12叫作"后推车"，被视为恶手的典型。但是，AI却认为实际上并不坏，所以，现在根据周围的具体情况，也就可以下出如本图这样的形状。

小飞挂角　一间高夹

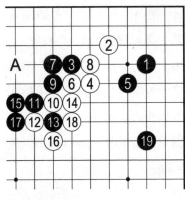

定式107　　　　图3

白4出头的下法也成立。黑5应的话，白6、8形状厚实。黑棋虽然两边都走到了，但白A的狙击也值得期待，是胜负不分上下的局面。从白棋的立场而言，这个定式我们推荐给那些对后发制人有自信的爱好者。

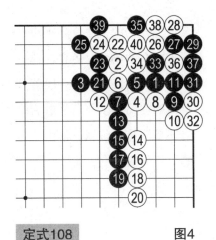

定式108　　　　图4

白4的飞罩是最新的定式。黑5、7当然冲断，白棋也是义无反顾地正面迎战。以下的进行非常复杂难解，仅举一例说明，进行到白40，角上是双活。这个变化的结果要根据周围子力的配置来判断。

小飞挂角　一间高夹

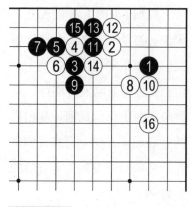

定式109　　　　　图5

白4、6的扭十字切断也是一策。黑7长出，白8转战这边。进行到黑15，上边的黑棋非常厚实，白16之后角上的实地也很大。对于这个定式，根据对局者的棋风各自有不同的判断。

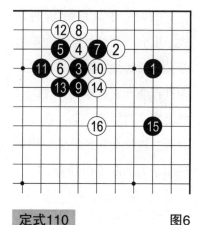

定式110　　　　　图6

黑7、9的下法仅限于黑11征子成立的场合。各自吃掉一子之后，白16出头告一段落。上边的一团黑棋最后是成为厚势还是沉重的包袱，将由今后的形势来决定。

小飞挂角 一间高夹

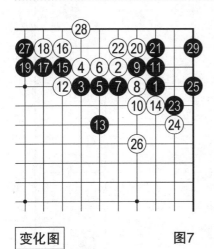

变化图　　图7

黑5、7在上边压住是重视右边的下法。白8挖，黑9断，形成乱战。这里仅举一例，根据周围的状况不失为一个有利的选择。

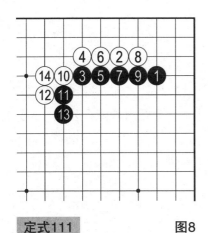

定式111　　图8

白8如果长，变化简明。黑9以下形成厚壁，进行到白14，白棋得到实地，其作战方针是先捞后洗，今后伺机削减右边的黑棋模样。

191

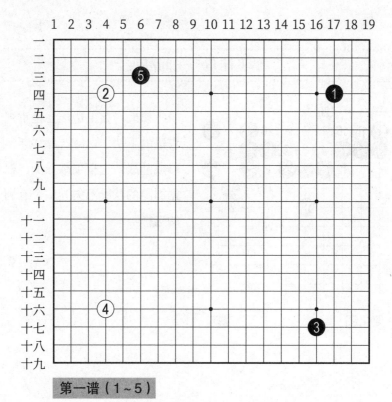

第一谱（1~5）

【黑1】17-四　右上角小目

江户时代的第一手基本上都是小目。

【白2】4-四　左上角星位

当时，下在星位被视为禁忌，没人去下。现在则是普通平常的一手了。

【黑3】16-十七　右下角小目

连下小目，志在实地。

【白4】4-十六　左下角星位

以二连星布局迎战。

【黑5】6-三　小飞挂角

省略缔角，积极地布局。

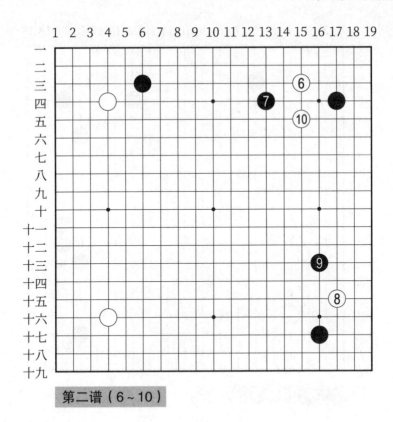

第二谱（6～10）

【白6】15-三　小飞挂角

白棋也还一个挂角。不担心双飞燕的话，像这样脱先挂角也是一种选择。

【黑7】13-四　一间高夹

这是己方的棋子多的场所，大可一战。

【白8】17-十五　小飞挂角

这里再挂角，将棋盘全体纳入视野。

【黑9】16-十三　一间高夹

这里也是严厉的夹击，在全局展开战斗。

【白10】15-五　跳

分割黑棋，自然出动的一手。

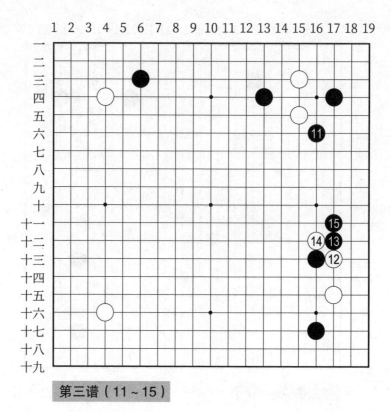

第三谱（11～15）

【黑11】16-六　小飞

防止被封锁在角上的应手，在右边构成模样。

【白12】17-十三　托

尽管右边给了对方，但己方将在其他地方得到补偿。右上暂且搁置，右下开始出动。

【黑13】17-十二　扳

对于托，扳住是自然的应法。阻止了对方进一步的侵入。

【白14】16-十二　断

扭十字，感觉战火即将燃烧起来。但是，这个场合下，这是白棋利用弃子进行整形的手段。

【黑15】17-十一　退

首先要确保黑13一子的安全。

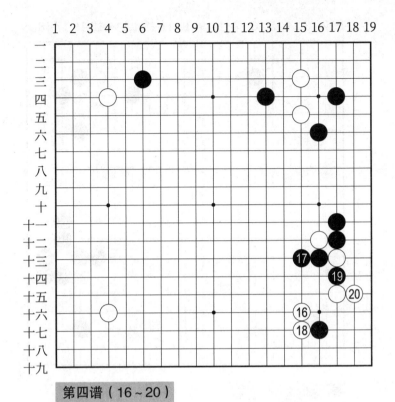

第四谱（16~20）

【白16】15-十六　飞罩

含有各种先手便宜的借用，对右下的黑棋施压。

【黑17】15-十三　长

如果黑棋在白18位应，白棋走到这里后形状得到治理。

【白18】15-十七　挡

右边被黑棋压制，白棋在角上得到补偿。

【黑19】17-十四　抱吃

吃住一子，瞄着角上的味道。

【白20】18-十五　立

守住角上的同时，伺机逃出一子。

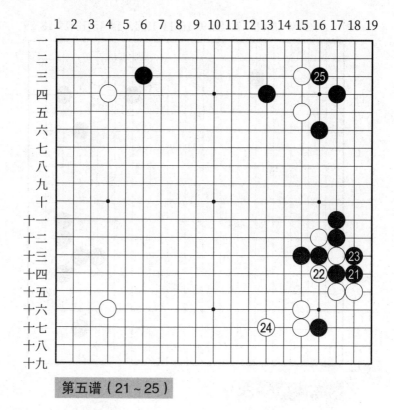

第五谱（21～25）

【黑21】18-十四　挡

彻底吃住白棋一子。

【白22】16-十四　断

守角之前的先手便宜。

【黑23】18-十三　提子

拔掉一子，消除各种余味，棋形厚实。

【白24】13-十七　跳

由于角上的味道很恶，所以花费一手补棋，彻底安心。（定式109）

【黑25】16-三　尖顶

右下的实地让白棋得到。为了发挥厚势的作用，从这里攻击白棋。

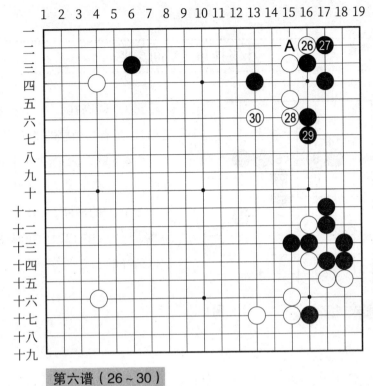

第六谱（26～30）

【白26】16-二　扳

A位立虽然也是形，但是在这个场合下就走重了。这里是白棋弱势的地方，轻巧地便宜一下。

【黑27】17-二　挡

不仅实地很大，也是夺取白棋根据地的要点。

【白28】15-六　压

不能让黑棋全部鲸吞，必须有所动作。

【黑29】16-七　长

一边攻击白棋，一边在左边得到实地。

【白30】13-六　跳

一旦逃向中央，就不会担心马上被吃住了。

一间高夹是变化很多的定式。研究透彻之后就可以成为有力的武器。

小飞挂角　二间高夹

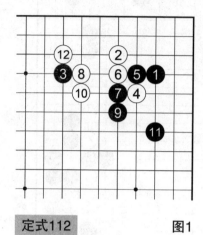

定式112　　　　图1

黑3二间高挂，不过分接近白2，是有均衡感的夹击。

白4飞罩，无论应对什么样的夹击，都是漂亮的手法。对于黑5、7的冲断，白8靠是手筋。进行到白12，白棋腾挪后得到好形。

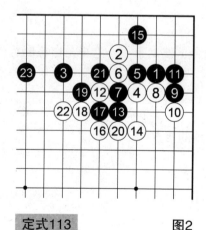

定式113　　　　图2

AI开发出了白8到14的手段，这对黑棋的应对提出了新的要求。难解的变化非常多，这里仅举一例示范，黑15防守的话，白16以下弃子滚打包收。如果右边的配置足以让白棋不担心死活的话，不失为一种有力的变化。

小飞挂角　二间高夹

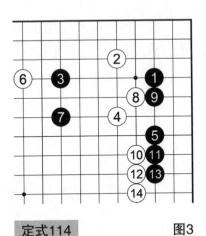

定式114　　　　　　图3

白4二间跳这手棋，是让黑棋在右边获得实地，通过对上边黑棋的攻击得到回报的手段。黑5应是普通的下法。白6夺取黑3的根据地。白10开始缠绕攻击右边的黑棋，上边的黑棋自然就成为被攻击的弱棋。

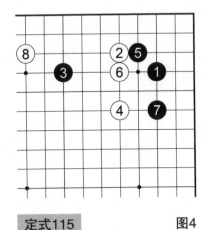

定式115　　　　　　图4

黑5尖顶是"令和风"（"令和"是2019年开始的日本新年号——译者注）。在获取角上实地的同时夺取白棋的根据地。白8进行攻击，胜负之处就看能够得到多少补偿。

小飞挂角　二间高夹

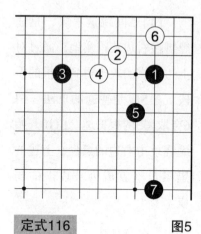

定式116　　　　　图5

白4尖是非常简明的一手，值得推荐。如果黑5应，白6是根据地的要点。黑7拆出告一段落，是变化很少的定式。

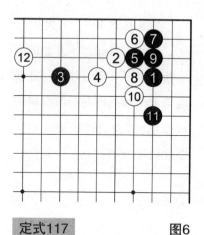

定式117　　　　　图6

黑5如果取角，白6以下强化己方自然出头。白12夹击，这是白棋可以满意的下法。

小飞挂角　二间高夹

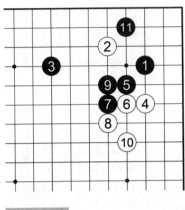

白4从这边夹击是重视右边的下法。黑5穿出分裂白棋。进行到白10，白棋虽然在右边得到了好形，但是也被黑棋控制住了右上。采用这个定式时要考虑到周围的配置。

定式118　　　　图7

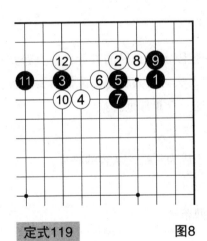

棋风厚实的人可以这样下，白4象步飞出，黑5靠压巩固角上，进行到白12，白棋得到治理，形状坚实。

定式119　　　　图8

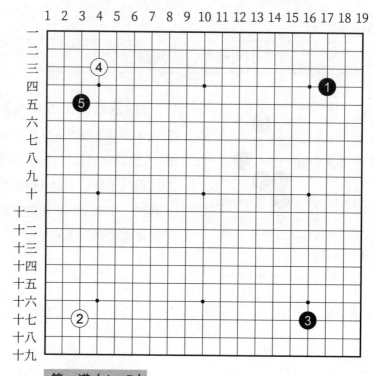

第一谱（1～5）

【黑1】17-四　右上角小目

"这盘棋我就这么下！"如果事先就固定了布局的方针，一旦遇到对方"不讲武德"不按照常理出着，可能就无法对应其变化。我们需要了解各种各样的布局和定式，掌握不同的方针，这一点非常重要。

【白2】3-十七　左下角三三

下在三三，将导致局面细分化，易于成为平稳、从容的格局。

【黑3】16-十七　右下角小目

对方下在了左下角，无法构成对角型布局。

【白4】4-三　左上角小目

白棋是重视实地的布局。

【黑5】3-五　小飞挂角

如果是一间高挂，可以预见到将形成托退定式的变化。小飞挂角是更加注重实地的下法。

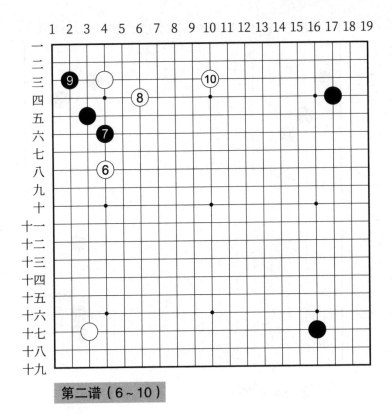

第二谱（6～10）

【白6】4-八　二间高夹

面对来到己方阵前的黑棋，采取积极的夹击，争取获得利益。

【黑7】4-六　尖

在小目和夹击的一子之间坚实地出头。

【白8】6-四　小飞

从角上向边上发展的同时强化自身。

【黑9】2-三　飞角

一边强化黑棋二子，一边获取实地，极大的一手。

【白10】10-三　拆

因为角上已经无法做眼，于是在边上展开。（**定式116**）

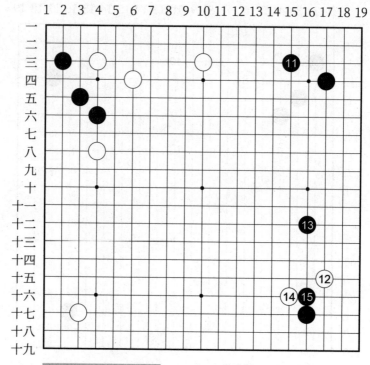

第三谱（11~15）

【黑11】15-三　小飞缔角

什么时候缔角都是极大的一手。

【白12】17-十五　小飞挂角

不允许对方有两个缔角。

【黑13】16-十二　二间高夹

以右边的黑棋为背景，夹击白棋。

【白14】15-十六　飞罩

小飞挂角之后，这手飞罩是常用的狙击手法。

【黑15】16-十六　冲

分断白棋。

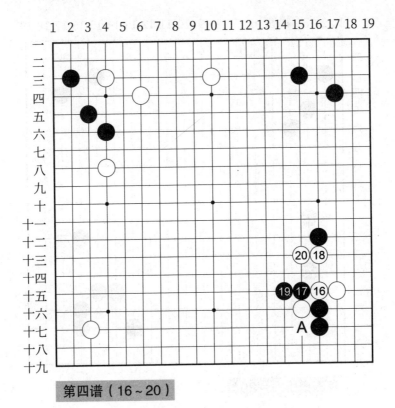

第四谱（16～20）

【白16】16-十五　挡

不能出现裂形。

【黑17】15-十五　断

这是黑棋子力多的场所，大可一战。

【白18】16-十三　靠

如果在A位挡下将是复杂难解的最新型，这个靠的变化相对简明，目的是弃掉下边的一子，在右边发展。

【黑19】14-十五　长

消除白棋的各种先手借用。

【白20】15-十三　长

防止被封锁，好形出头。

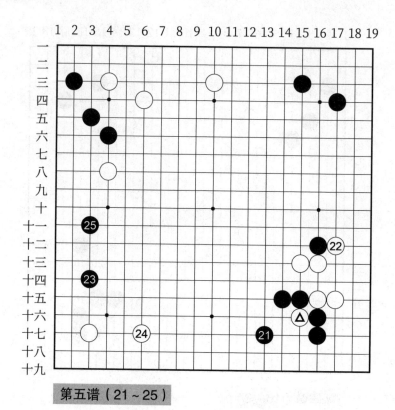

第五谱（21～25）

【黑21】13-十七　小飞

吃住白棋△一子。

【白22】17-十二　扳

如果被黑棋下到这里，白棋全体将成为没有眼位的无根之草。重要的本手。（**定式112**）

【黑23】3-十四　挂角

分割白棋左边的一手。

【白24】6-十七　二间拆

让角上的白棋得到安定的一手。对于右下的黑棋势力也起到了牵制的作用。

【黑25】3-十一　二间拆

安定黑棋自身的同时，攻击白棋4-八这个子。

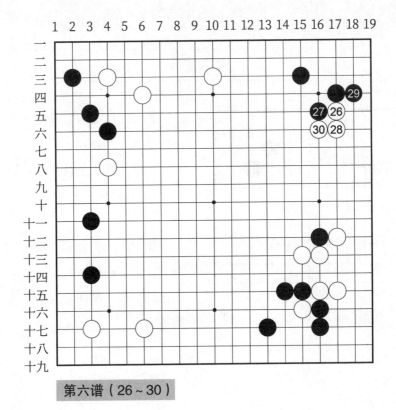

第六谱（26～30）

【白26】17-五　碰

这是最大限度在左边扩展的一手。右上的小飞缔角本身就很坚固，让它厚上加厚也没有什么可惜的。

【黑27】16-五　扳

被碰上来之后如果置之不理，大多数情况下都会吃亏。

【白28】17-六　长

这里被黑棋打吃的话，就会被吃掉。

【黑29】18-四　立

看上去似乎有些保守，其实是关键的一手。不仅守住了角上的实地，而且右边的白棋也成为漏风的形状。

【白30】16-六　拐

右边的白棋模样呈现立体化。

二间高夹是自古以来就有的下法，形成了多种多样的定式。一旦掌握住了这些变化，就可以应用到其他的地方。

207

大飞挂角

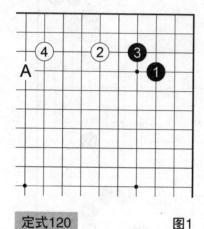

定式120　　　　　　　　图1

白2的大飞挂角是变化不多的定式。当出现了不希望在对方的势力圈里进行战斗的场合时，不失为一种有力的下法。

黑3如果尖，白4二间拆。局部而言，黑棋在角上得到了不小的实地，整体来说是平稳地进行。

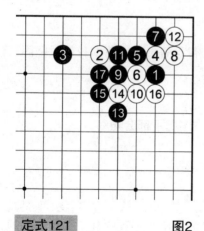

定式121　　　　　　　　图2

黑3是重视上边的下法。白4、6扭十字进行腾挪。途中黑13的跳枷是手筋。黑1虽然被吃，其代价是在上边构成了黑棋的势力圈。

大飞挂角

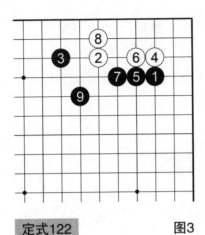

定式122　　　　　图3

黑5如果长，白6爬，回到了星位一间低夹定式。右边如果是黑棋模样的场合，这是有力的手段。

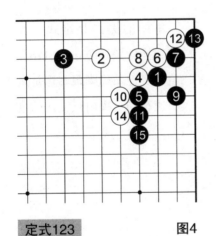

定式123　　　　　图4

如果是不想下成前图的场合，白棋有白4靠的一手。黑5扳，白6进角。黑7连扳是发挥棋子弹力的手筋。进行到黑15，右边黑棋得到好形，之后白棋在上边夹击弥补损失。

大飞挂角

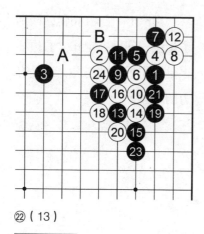

⑳（13）

【黑棋失败】　图5

黑3也可以选择宽夹。不过，需要注意的是，这样的话黑13就不成立了。白16反击，黑棋崩溃。如果是在A位夹击的话，白24之后可以黑B，这样黑棋得分。

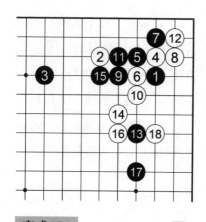

定式124　图6

本图的黑13是定式。和白14交换后黑15防守。白16、18也坚实地站稳脚跟。这是黑棋快速布局对决白棋实地的格局。

大飞挂角

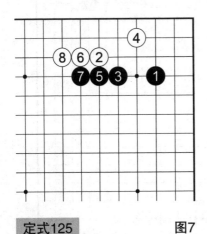

定式125　　　　　图7

右边星位如果有黑棋的场合，黑3扩展右边的下法也很有力。白4是实地和根据地的要点。黑5、7借势连压，实地虽然受损，可以用右边的模样来对抗。

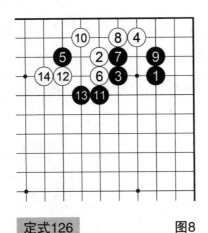

定式126　　　　　图8

也有黑5夹击的下法。对于白6，黑7、9夺取眼位。白10坚实防守的话，黑11扳住二子头，形成和前图相似的变化。右边的模样能够围到什么程度是今后黑棋的课题。

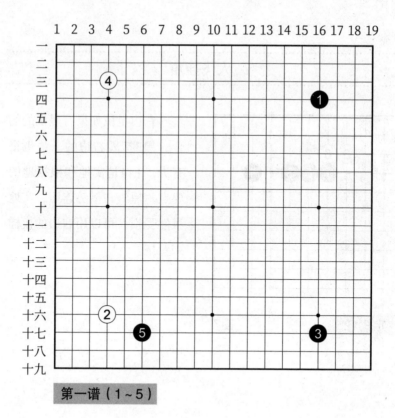

第一谱（1~5）

【黑1】16-四　右上角星位

日本围棋的术语里，平常说到棋盘上的各个角时，都是说"右上""左下""右下星位"等，但是当专指空角的时候，就说成"右上角""左下角""左下角小目"等。

【白2】4-十六　左下角星位

白棋也是星位。

【黑3】16-十七　右下角小目

黑棋是星位和小目的布局。

【白4】4-三　左上角小目

有模仿棋味道的序盘。

【黑5】6-十七　小飞挂角

和缔角相比，挂角更加积极，是重视速度的下法。

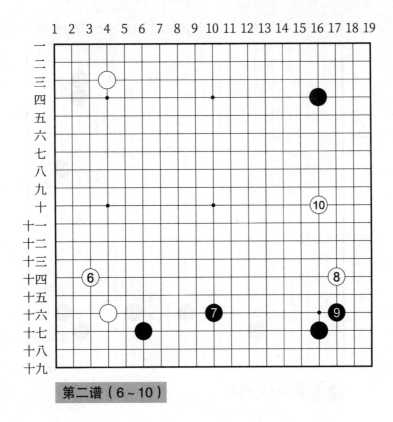

第二谱（6~10）

【白6】3-十四　小飞

模仿棋到此为止。

【黑7】10-十六　拆

下边的棋形结构被称为"小林流"。

以前，小林光一九段使用这个布局取得了出色的战绩，因此而得名。

【白8】17-十四　大飞挂角

因为下边已经有了黑棋，感觉到过于接近不利于战斗，所以挂角时稍微
拉开一点距离。

【黑9】17-十六　尖

确保角上的实地。

【白10】16-十　拆

和二间拆相比更加轻快，是重视中央的一手。不过，必须对黑棋的打入
要有所准备。（**定式120**）

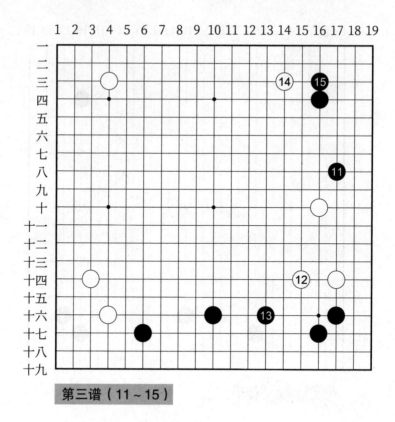

第三谱（11～15）

【黑11】17-八　拆逼

瞄着打入白棋进行狙击，同时扩大右上的模样。

【白12】15-十四　跳

一边补强右边的白棋，一边伺机侵入黑棋下边。

【黑13】13-十六　大飞

这里脱先的话将被侵入。围住下边。

【白14】14-三　小飞挂角

右下方面告一段落。转战右上。

【黑15】16-三　玉柱

因为已经有了黑11一子，小飞应就重复了。玉柱守住角上的实地。

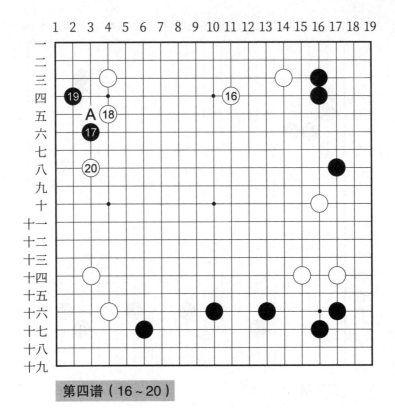

第四谱（16～20）

【白16】11-四　拆

让挂角的一子获得安定。

【黑17】3-六　大飞挂角

因为这里是白棋的势力圈，老实本分地挂角。

【白18】4-五　跳

目的是扩展上边的白棋模样。

【黑19】2-四　飞角

防止白棋在A位挡下，也有利于黑棋做眼。

【白20】3-八　拆逼

攻击右边的黑棋。

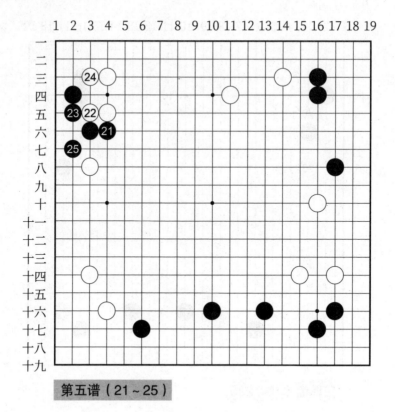

第五谱（21~25）

【黑21】4-六　压

出头，防止封锁。

【白22】3-五　冲

和下一手配套的组合手段。

【黑23】2-五　挡

不能被白棋穿透割裂。

【白24】3-三　双

形的急所。强化白棋的同时，夺取黑棋的眼位。

【黑25】2-七　虎

如果这里被白棋刺到，黑棋就失去了眼形。

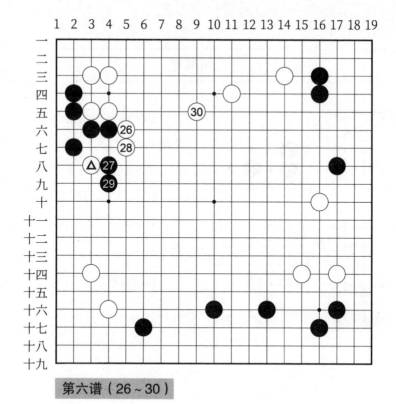

第六谱（26~30）

【白26】5-六 扳

扳住二子头，防止黑棋侵入上边。

【黑27】4-八 靠

避免封锁，好形出头。如果扳的话，将被切断。

【白28】5-七 长

弃掉⊿一子，专心经营上边。

【黑29】4-九 长

吃住一子，黑棋也得以安心。（**定式126**）

【白30】9-五 小飞

大围一手，防止上边的打入。

大飞挂角的变化不多，可以回避战斗。推荐给喜欢细棋的爱好者。

二间高挂

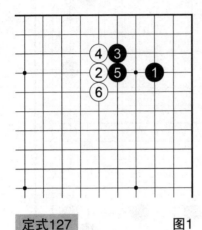

定式127　　　图1

白2的二间高挂是重视中央的挂角。

黑3虽然守住了角上，白4、6构筑厚势，期待将来的回报。适合喜欢棋风厚实的爱好者。

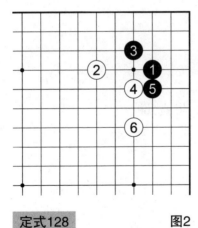

定式128　　　图2

黑3尖的一手是不给白棋行棋步调的下法。姑且不论是否马上就下，白4、6是增强势力的后续手段。

二间高挂

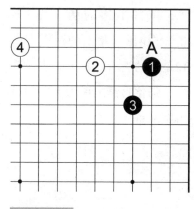

定式129　　　图3

黑3飞是重视右边的一手。不过，留下了今后白棋A位掏角的手段。

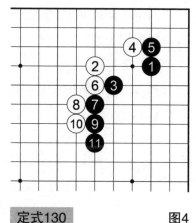

定式130　　　图4

黑3是希望扩大右边时的手法。白6以下得以在上边构筑势力。对于右边有黑棋的场合，也可以选择这个手段。

二间高挂

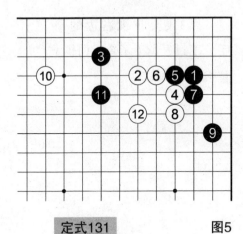

定式131　　　　　图5

重视上边的话，黑3夹击。白4压迫角上的黑棋。白12是形的急所。看上去步伐缓慢，强化自身之后为今后的狙击做准备。

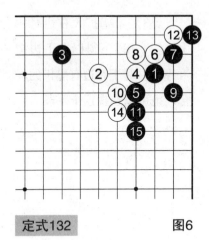

定式132　　　　　图6

白4靠是腾挪的常用手段。黑7连扳是手筋，取得角上实利。进行到黑15，黑棋得到好形，白棋也形状厚实，将对黑3一子展开攻击。

二间高挂

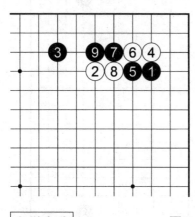

图7

白4托是大飞挂角时的好手。但是，这个场合下，黑5可以反击，白棋陷入苦战。

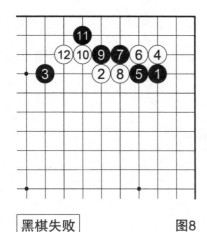

黑棋失败　　　　图8

没有人下出黑3这样从远处夹击的手段。为什么呢？因为白4托的手段就成立了。如果还是黑5反击的话，由于黑3一子位置过远，是黑棋不利的局面。

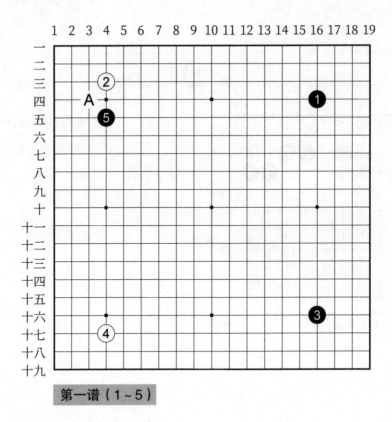

第一谱（1~5）

【黑1】16-四　右上角星位

本书只是介绍了布局的基本定式，像第一手就走在五五的变则布局当然也是成立的。

【白2】4-三　左上角小目

小目的话，这个位置最多，A位非常少见。

【黑3】16-十六　右下角星位

黑棋二连星。

【白4】4-十七　左下角小目

向小目布局是容易取得实地的结构。

【黑5】4-五　一间高挂

小目挂角。

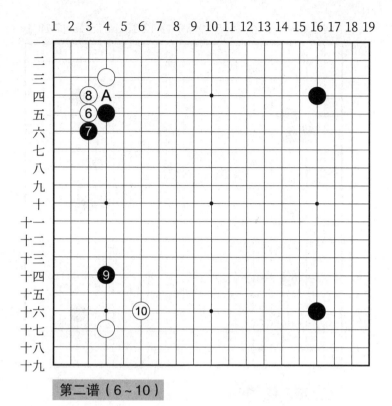

第二谱（6～10）

【白6】3-五 托

意图是捞取角上的实地。

【黑7】3-六 挡

重视右边的下法。黑棋在这里回避了复杂的下法，那就是，如果在A位顶住的话，形成"雪崩定式"，各种变化难解。

【白8】3-四 退

和角上的白棋取得联络。

【黑9】4-十四 二间高挂

左上保留变化，先在这边挂角。这是重视势力的一手。

【白10】6-十六 小飞

向下边的方向发展。（**定式129**）

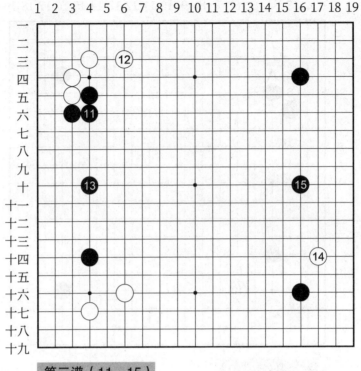

第三谱（11～15）

【黑11】4-六　粘

左下的挂角先手便宜一下之后，回到左上。

【白12】6-三　跳

防止被封锁，角上的白棋出头确保安全。

【黑13】4-十　拆

联络上下黑棋的绝好点。（**定式56**）

【白14】17-十四　小飞挂角

右边告一段落。转战右下。

【黑15】16-十　夹

和小飞守角相比，夹击更能够呼应左边的厚势。

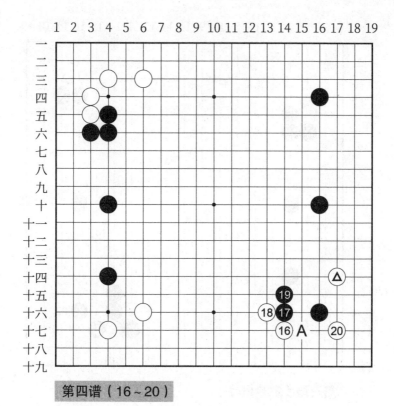

第四谱（16～20）

【白16】14-十七 双飞燕

黑棋在这里脱先，双飞燕进行攻击。

【黑17】14-十六 靠压

也可以靠压△一子，这里缠绕下边是意在攻击右边的白棋。

【白18】13-十六 扳

被靠压的一子不能脱先。

【黑19】14-十五 长

虽然也有A位挡下的手法，不过由于是恶形，最近几乎已经没有人这样下了。

【白20】17-十七 三三

重视角上和右边的一手。

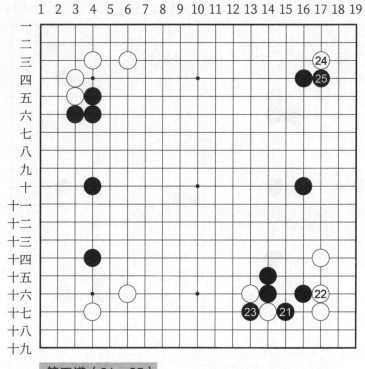

第五谱（21~25）

【黑21】15-十七　挡

接下来22和23是见合。

【白22】17-十六　爬

和右边的白棋取得联络。

【黑23】13-十七　断

黑棋断下一子，棋形厚实，可以满意。（**定式34**）

【白24】17-三　三三

白棋彻底贯彻实地先行的作战方针。

【黑25】17-四　挡

因为上边的价值已经不高，将重点放在右边。

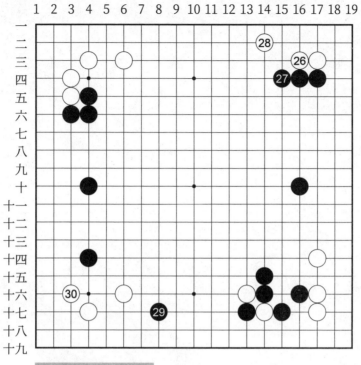

第六谱（26～30）

【白26】16-三　爬

扩大角上的空间。

【黑27】15-四　长

目的是获得先手抢占其他的大场。

【白28】14-二　小飞

确保了角上白棋的安全。（**定式52**）

【黑29】8-十七　拆逼

发挥右下厚势的威力，最大限度地逼迫白棋。

【白30】3-十六　尖

确保角上的实地，避免遭到攻击。

二间高挂容易构筑厚势，推荐给喜欢模样棋的爱好者。

其他

三三

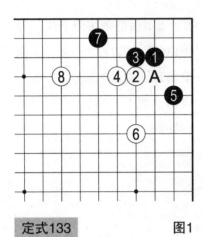

定式133　　　　图1

黑1的三三是实地派的下法。白2肩冲施压是对于三三的常用手段，意在构筑外势。黑棋爬的方向有两个，黑3和A位。基本原则是爬向黑5希望飞出的反方向。白6、8在外面构筑势力。

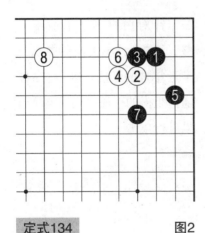

定式134　　　　图2

根据子力的配置，白6挡住、白8拆，也是有力的手法。黑7飞是绝好点。白8也得到了立二拆三的好形。

三三

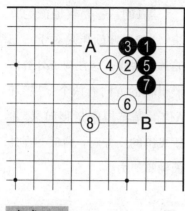

黑5拐是坚实的下法。对于白6跳，黑7长，一步一步获取实地。白8防止断点后告一段落。黑A、B见合，是今后的好点。

定式135　　　　图3

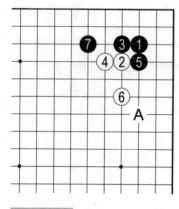

针对白棋形状上的不完备，黑7跳，不去强化白棋，是近年来的下法。今后有A位逼迫狙击的手段。要对整块白棋进行攻击。

定式136　　　　图4

三三

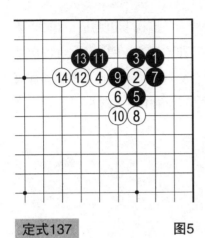

定式137　　图5

白4跳是轻快的一手。黑5夹扩展右边。白棋满足于得到了先手便宜的借用，也可以选择在这里脱先。如果继续下的话，可以考虑白6、8的下法。虽然让黑棋得到实地，但白棋的厚势也非常强大。

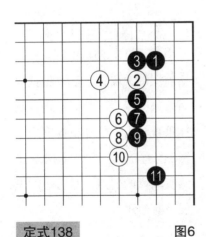

定式138　　图6

也有白6飞罩的手法。当白棋上边的势力能够得到发挥时，尽管让黑棋在右边得以扩展，这个定式也是不错的选择。

三三

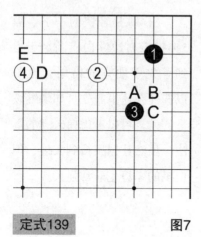

定式139　　图7

重视上边的话，白2大飞挂。黑3这手棋，也可以应在A～C位。白4也是根据局面可以拆在D位或E位。

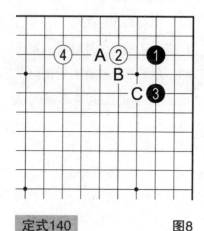

定式140　　图8

除了白2的一间挂角，还有白A、白B等挂角手法。包括前图的大飞挂，都要根据局面来判断使用。简而言之，高挂重视势力，低挂重视安定。黑3也有C位小飞的下法。虽然有漏风的弱点，对右边的发展更有效用。

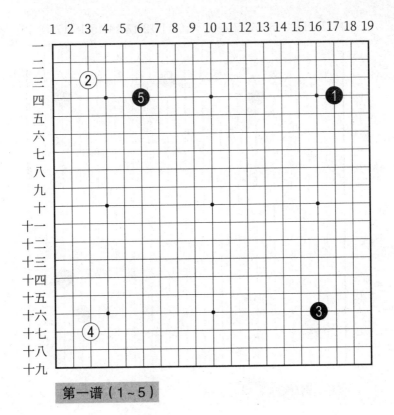

第一谱（1~5）

【黑1】17-四　右上角小目

根据AI得出的结论，小目和星位相比，数值下降了0.3%。对于我们来说，这种误差可以忽略不计。

【白2】3-三　左上角三三

三三，一手就可以确保角上的实地。

【黑3】16-十六　右下角星位

对于三三，如果下成对角型布局，局面将呈现细分化。

印象中平行型布局比较多。

【白4】3-十七　左下角三三

白棋两个三三，低位的结构。

【黑5】6-四　大飞挂角

这是上边优先的挂角。

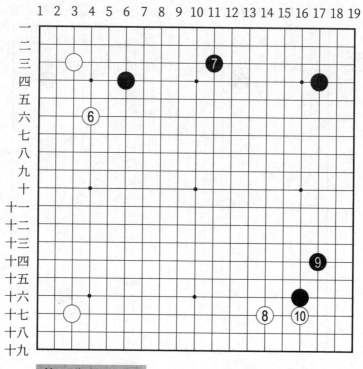

第二谱（6~10）

【白6】4-六　大飞

不能被黑棋封锁的应手。

【黑7】11-三　拆

类似"迷你中国流"的结构。（**定式139**）

【白8】14-十七　小飞挂角

这个地方从哪边挂角都可以。

这个场合下，直接点三三的话，有点勉强，挂角是好手。

【黑9】17-十四　小飞

重视右边的下法。

【白10】16-十七　托

进角的同时强化白棋自身。和低一路的小飞相比，更有快速定型的意味。

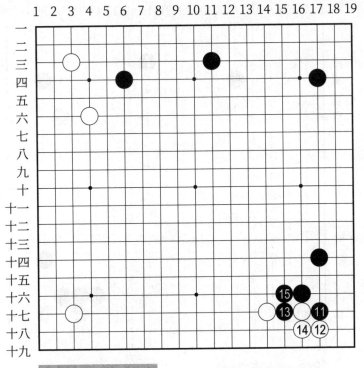

第三谱（11～15）

【黑11】17-十七　挡

不允许白棋继续侵入角上。

【白12】17-十八　扳

左边一路立不充分。蚕食角上的实地。

【黑13】15-十七　打吃

将白棋驱赶向低位，在外面构筑势力。

【白14】16-十八　粘

这个打吃不得不粘。

【黑15】15-十六　粘

连接一子，防止被吃。

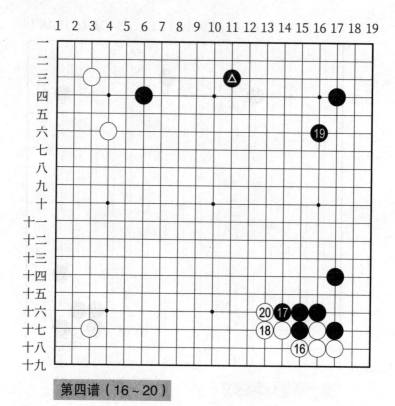

第四谱（16～20）

【白16】15-十八　挡

不能让角上和边上被黑棋分断。

【黑17】14-十六　压

势力的要点。如果在别的地方行棋，对白棋而言这里也是好点。

【白18】13-十七　长

置之不理的话，将被黑棋闷打，痛苦不堪。向下边发展。

【黑19】16-六　小飞

高效发展右边的同时，兼带防守角上，是有追求的一手。

虽然也可以普通地缔角，不过因为已经有了●一子，感觉上子力多少有些重复。（定式8）

【白20】13-十六　拐

一边扩展下边，一边限制右边的黑棋。

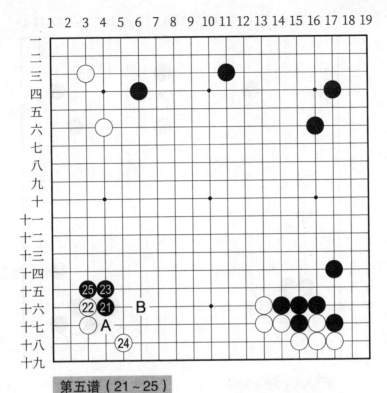

第五谱（21～25）

【黑21】4-十六　肩冲

对三三一子施压，构筑外势。

【白22】3-十六　爬

遇到肩冲的场合，爬一手是最基本的应对。

【黑23】4-十五　长

让白棋取得角上的实地，黑棋自然地走在外面。

【白24】5-十八　小飞

防止黑棋在A位挡住成为好形。

【黑25】3-十五　挡

这是重视左边的一手。如果重视下边，可以在B位跳。

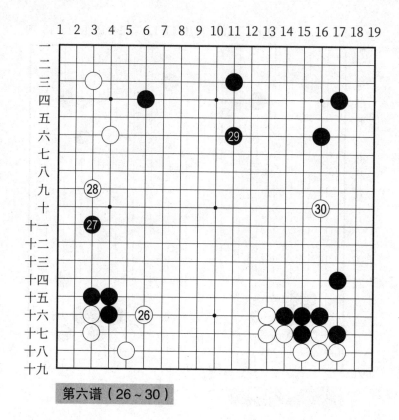

第六谱（26～30）

【白26】6-十六　小飞

让下边逐渐膨胀起来的同时，瞄着对黑棋的狙击，是绝好点。

【黑27】3-十一　拆

下边虽然让白棋占据了好点，代偿是在左边构成好形。（定式134）

【白28】3-九　拆逼

确定左上白棋的实地，还瞄着左边打入黑棋的狙击。

【黑29】11-六　二间跳

尽量扩大右上一带的模样。

【白30】16-十　分投

割裂右边，不让黑棋围出大空。

三三虽然可以简单地取得实地，但也让对方构成了厚势。推荐给对于治孤有自信的爱好者。

高目

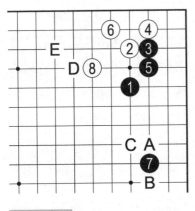

定式141　　　　　　　**图1**

对于黑1的高目，白2在小目位置挂角的手法常见。另外，对第一手的小目一间高挂后如果脱先，就还原到了这个棋形。黑3靠的一手意在实地，白4、6眼形丰富。黑7这手棋，根据局面也可以拆在A、B、C等位置，白8也可以应在D、E或脱先。

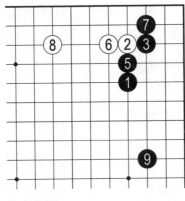

④（脱先）

定式142　　　　　　　**图2**

白4也有脱先的下法。黑5、7将角上全部纳入囊中，白棋则快速在其他地方展开。

高目

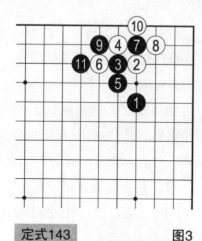

定式143　图3

黑3在外侧靠，是快速定型的手段。白6扳是手筋，黑7断在角上，黑11是征子有利的场合下法。白棋获得实地，黑棋获得厚势，两分。

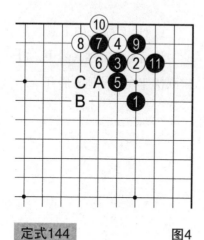

定式144　图4

黑7断在外边的下法最多。进行到黑11，双方各自吃住一子，告一段落。今后，白棋的好点是A位、B位，黑棋的好点则是C位。

高目

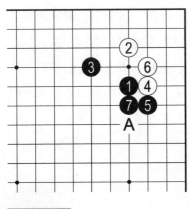

定式145　　　　　　图5

黑3飞罩是重视外势的下法。白4、6获取实地，黑棋则在右边构筑成漂亮的势力。

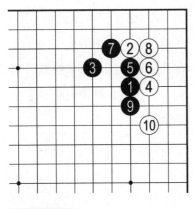

定式146　　　　　　图6

黑5、7的手法是重视上边。进行到白10，白棋得以在右边出头，而黑棋得到先手，在上边构筑势力。

高目

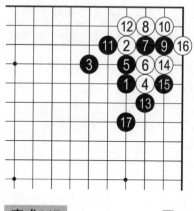

定式147

图7

黑7、9弃子，得到黑11、13先手便宜的借用，是希望将右边和上边都挡住的手段。虽然让角上的白棋固若金汤，但黑棋在外面也得到了雄壮的厚势。

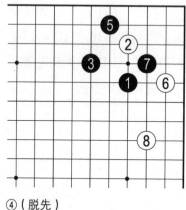

④（脱先）

定式148

图8

白4也可以考虑脱先。黑5逼迫角上，由于脱先了一手，在其他地方已经有了收获，白6、8，白棋在这里轻松弃子是要领。

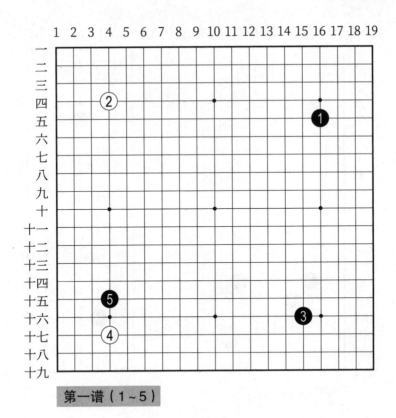

第一谱（1~5）

【黑1】16-五　右上角高目

比星位高一路的下法是特别重视势力的手段。

【白2】4-四　左上角星位

黑棋利用先行的优势，使用以势力为主的布局更易于掌握。

【黑3】15-十六　右下角高目

两个高目，高位的结构。

【白4】4-十七　左下角小目

白棋是正统的星·小目布局。

【黑5】4-十五　一间高挂

发挥两个高目的作用，挂在高处。

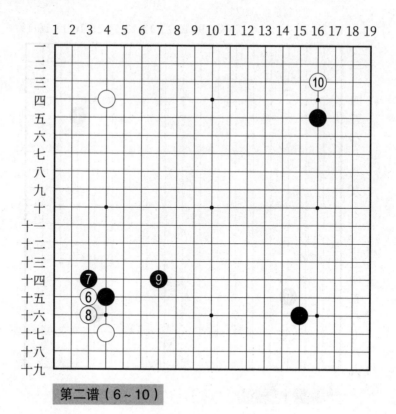

第二谱（6~10）

【白6】3-十五　托

首先高效地获得角上的实地。

【黑7】3-十四　挡

在左边挡住，构成势力。

【白8】3-十六　退

棋子坚实地联络继续防守。

【黑9】7-十四　大飞

在中央积蓄力量，同时缓和白棋的切断。

【白10】16-三　挂角

进入高目的中心，获取实地。

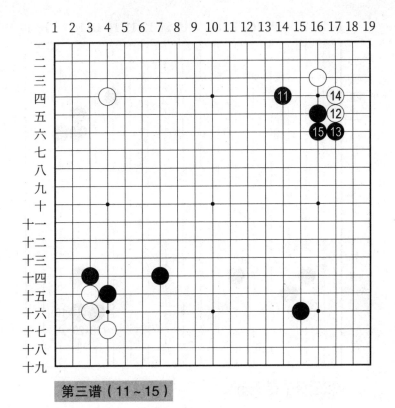

第三谱（11~15）

【黑11】14-四　飞罩

从外面进行压迫，意图是获取厚势。

【白12】17-五　托

扩大角上，以确保实地。

【黑13】17-六　挡

阻止白棋进入右边，对其进行封锁。

【白14】17-四　退

这里是黑棋先行的地方。能够得到这些实地，可以满意。

【黑15】16-六　粘

坚实地守护住断点。（**定式145**）

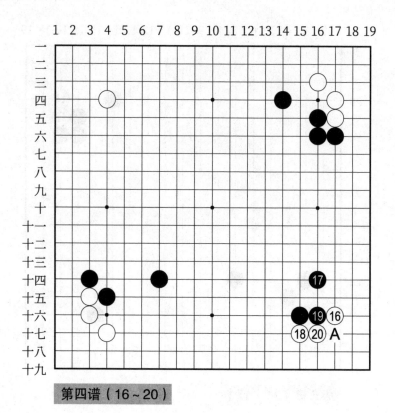

第四谱（16～20）

【白16】17-十六　挂角

右上已经告一段落。转向大场。

【黑17】16-十四　飞罩

不让白棋进入右边。

这里没有A位托实地优先的感觉。

【白18】15-十七　托

在三个角上都出现了托。为了获得角上的实地，这样下没有问题。

【黑19】16-十六　顶

重视右边的定式。

【白20】16-十七　挡

防止四分五裂，唯此一手。

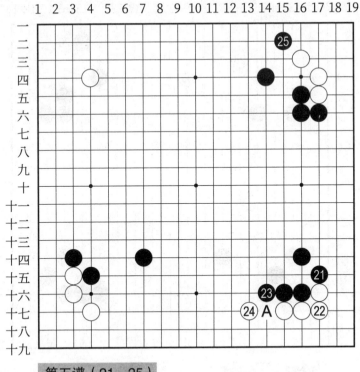

第五谱（21～25）

【黑21】17-十五　挡

阻止白棋向右边进入的好形。

【白22】17-十七　粘

补住断点，确保角上实地。

【黑23】14-十六　长

守住二子头，增强势力。

【白24】13-十七　跳

黑棋在A位挡下是极大的一手。在下边出头。（**定式146**）

【黑25】15-二　小飞

瞄着狙击白棋角上，同时封住上面的漏风。

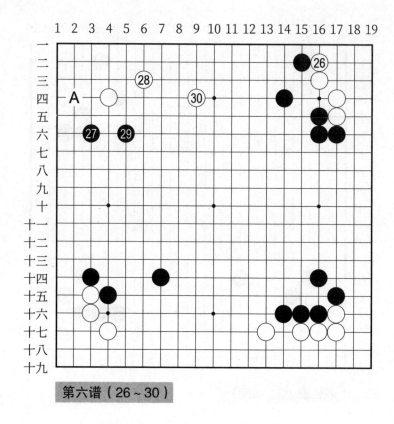

第六谱（26～30）

【白26】16-二　挡

不补棋进行防守的话，角上的白棋将被吃。

【黑27】3-六　小飞挂角

目的是在左边到中央构筑模样。也可以在28位增加上面的模样，到底哪一点更好，令人难以判断。

【白28】6-三　小飞

如果夹击进行战斗，黑棋的厚势将发挥出作用。暂且老老实实应一手。

【黑29】5-六　跳

和A位飞角相比，中央更大。最大限度地扩展。

【白30】9-四　大飞

补强左上白棋的同时，在上边发展。

相对于高目对于实地的松缓，反过来可以构筑厚势。推荐给那些希望在整个棋盘上进行战斗的爱好者。

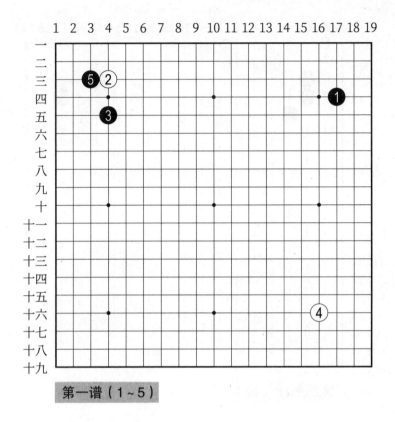

第一谱（1~5）

【黑1】17-四 右上角小目

头衔战时，很多棋手的第一手都是从容地落子。为什么呢？因为报社的摄影记者们都围在周边等着拍摄这一瞬间。

【白2】4-三 左上角小目

一般来说，摄影师在拍摄完第二手后就会退出对局现场。

【黑3】4-五 一间高挂

不下空角，挂角优先。一段时期，这个布局深受张栩九段的喜爱，每每采用。

【白4】16-十六 右下角星位

这手棋也可以在左上应对。不过，空角总是大场。

【黑5】3-三 托

一间高挂后对方脱先，就变成和高目定式一样了。这个托是重视角上实地的手法。

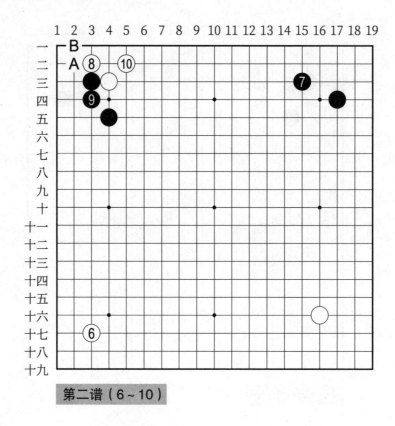

第二谱（6~10）

【白6】3-十七　左下角三三

左上角再次脱先，抢占空角。

【黑7】15-三　右上角小飞缔角

右上和左上一样，都是易于确保实地的形状，这是和张栩九段不谋而合吧。

【白8】3-二　扳

左上出动的话，就是这里。蚕食角上。

【黑9】3-四　退

黑棋同伴联络在一起。

【白10】5-二　虎

有弹力的棋形。黑A扳的话，可以白B扳，这是白棋值得骄傲的地方。

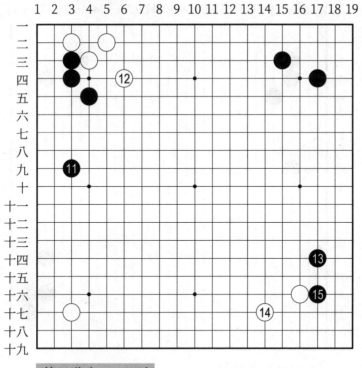

第三谱（11～15）

【黑11】3-九　拆

黑棋安定左上的三个子。

【白12】6-四　小飞

强化左上的白棋。（**定式141**）

【黑13】17-十四　小飞挂角

左上告一段落。转向大场。

【白14】14-十七　小飞

重视下边的一手。

【黑15】17-十六　托

一边削减角上白棋的实地，一边强化黑棋自身。

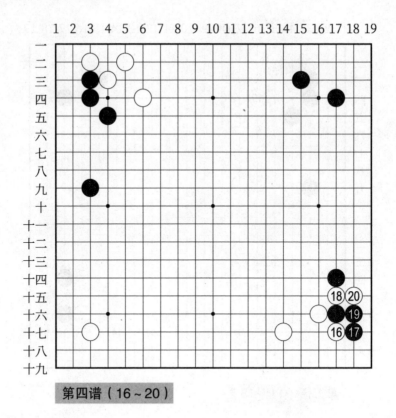

第四谱（16～20）

【白16】17-十七　挡

对于角上的侵入只能到此为止。

【黑17】18-十七　扳

看上去似乎有些危险，然而这个扳是手筋。除此之外，无法蚕食角上的
实地。

【白18】17-十五　打吃

目的是将黑棋压在低位。

【黑19】18-十六　粘

被打吃只能粘住。

【白20】18-十五　冲

分断黑棋，目的是在右边发展。

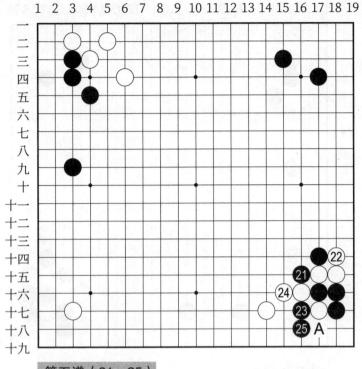

第五谱（21~25）

【黑21】16-十五 断

切断白棋进行战斗。

【白22】18-十四 拐

因为这里的白棋最为危险，必须逃出。

【黑23】16-十七 断

黑棋活在角上棋。

【白24】15-十六 长

这一子是棋筋。决不能被吃掉。

【黑25】16-十八 立

不补棋的话，白棋下在A位，黑棋为难。

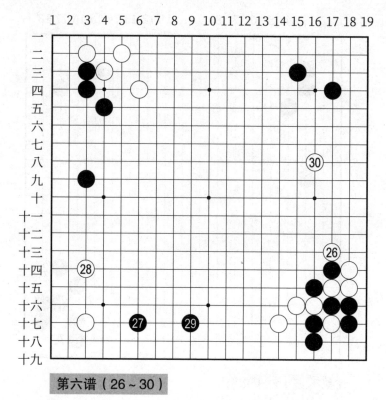

第六谱（26～30）

【白26】17-十三　打吃

黑棋得到了角上的实地，白棋在外面构成势力圈。（定式10）

【黑27】6-十七　挂角

进入下边。同时含有削减右下白棋厚味的意思。

【白28】3-十四　二间拆

强化左下三三的一子。

【黑29】9-十七　二间拆

防止被攻击，坚实地拆二，得到安定。（定式140）

【白30】16-八　拆

扩大右边白棋的势力范围。

让我们去寻找适合自己的定式·布局吧，请大家一定在实战中去尝试。